JN123212

環境会計各論

生物多様性の会計、自治体の環境会計

植田 敦紀［著］

Environmental Accounting Specific Theory

UEDA Atsuki

専修大学出版局

序　文

　社会会計の起源は 17 世紀の国民所得の推計に遡るが[1]、現在の環境会計
の前身としての会計は 1970 年代に生起した。1960 年代後半の米国では公害
問題を含む多様な社会問題をめぐって企業と社会とがコンフリクトの状態に
あり、それを解消するために企業の社会的責任活動の開示が行われた。これ
が 1970 年代に社会的責任会計へと発展した。日本でも 1960 年代後半から公
害問題が発現したが、日本は法的規制による対応を主とし、会計的対応は希
薄であった。そのような中、1970 年代に社会会計または生態会計としての
枠組みが提示されたが、日本は高度経済成長期、バブル期の過程において、
会計は企業利益の測定を主流とし、当該分野の発展は立休らっていた。

　1990 年代に入ると世界中で地球環境問題の深刻化に対するシュプレヒ
コールが起こり、1992 年「環境と開発に関する国際連合会議」（通称リオサ
ミット、地球サミット）を経て、1990 年代後半に環境会計が急速に普及し
た。日本では 1999 年 3 月に環境省（当時環境庁）が『環境保全コストの把
握及び公表に関するガイドライン～環境会計の確立に向けて～（中間とりま
とめ)』を公表すると、数十社が一斉に環境会計を公表し、1999 年は環境会
計元年といわれる。2000 年前後には日本経済新聞の紙面にも「環境会計」
という言葉が頻繁に表れるようになった。

　私が学部を卒業した年、当時の大手 4 大証券のうちの 3 社が初めて四年生

---

1)　河野［1998］p. 15 参照。

大学卒業の女性を採用し、四大卒の女性パイオニアとして証券会社に入社した。入社後すぐに会社から『日経新聞の読み方』という本を支給された。学生の頃新聞を読む習慣がなかった私は、毎朝新聞受けの日経新聞を持って出社することが、自分のステータスを上げているようで誇らしかった。その後、男女雇用機会均等法の制定に伴い女性の店内系列から総合系列に移行し、程なくニューヨークへ転勤となった。ニューヨークで証券登録外務員の資格を取得し、U.S.トレジャリーボンドのセールストレーダー、フューチャー・オプション、日本株トレーダー・NASDAQの値付け等を行った。

　その後帰国して米国公認会計士の資格を取得して仕事をしていたが、2000年頃の日経新聞の紙面に「環境会計」という言葉が躍るようになり、違和感を覚えた。会計の専門家と自負していた私の中で、環境と会計が結びつかない。そのとき初めて愛読紙であった日経新聞に不信感を抱き、これは何か思惑があり意図的に「環境会計」という言葉を取り上げているのではないかと考えた。しかし今思えば、その頃は子育てに没頭し、社会情勢の変化に気づいていなかった（弁明：今でも日経新聞は愛読紙である。子育て中は形式的に紙面をめくっているだけという時期もあり、また最近は電子版が主流であるが、紙、電子版、紙面ビューア、Voicyなどフルで活用している。約40年間毎朝・夕欠かさずに日経新聞をめくり続け信頼を置いている。悪しからず）。

　専門家という自尊心を成り立たせるために、当時最も近隣大学であった横浜国立大学の河野正男先生の研究室の門を叩いた（横浜国立大学では1974年から「生態会計」という講義を設置していた）。そこから私の生活も一新し、「環境会計とは何か？」を追究するため、2002年に大学院修士課程に入学した。しかし大学院のゼミナールという未知の世界の中で疑問は深まるばかりであった。そのころのゼミではすでに環境会計は主流ではなく、CSRばかりを扱っていた。他の社会科学系のゼミでもCSRという言葉が飛び交

い研究対象となっていた。そう、2003 年は CSR 元年といわれ、主流は環境会計から CSR に移っていた。そのような中で私は時代の流れに逆らうことなく修士の 2 年間（2002 年 4 月から 2004 年 3 月）を過ごし、「CSR（Corporate Social Responsibility）と会計」というタイトルの修士論文を書き上げた。

　そんな状況であっという間の修士 2 年間を過ごし、ふと入学時のアンビションを思い返した。「環境会計」という言葉が引っかかって入学を決意したときの大志が取り残されたままになっていた。何も明確になっていないことを観取し、博士課程へと進学した。博士課程では、私が会計において専門としてきた財務会計と環境会計とを結びつけて「環境財務会計」という分野を開拓した。それ以降の研究については本書と同年刊行の『環境財務会計各論』『サステナビリティ会計論―ポスト・ノーマルサイエンス―』の序文へと続いている。

　さてここまで私が環境会計の研究を始めるまでの幕間劇を述べたが、環境会計の学術的内容については本書序章に続くので、ぜひ読み続けていただきたい。

　本書刊行にあたっては、令和 5 年度専修大学図書刊行助成を受けている。心より謝辞を申し上げる。また出版にあたっては、専修大学出版局のスタッフの皆様に大変お世話になり感謝している。

2023 年

植田　敦紀

目　次

序文

5

序章　環境会計の概念フレームワーク

　図表序−1は、環境会計の概念フレームワークを示したものである。本書ではこの中のD「環境会計」を対象とする。第Ⅰ部「環境会計総論」では、AからDを順に論述していく。E「環境財務会計」については拙著2023年『環境財務会計各論』、F「サステナビリティ会計」については同『サステナビリティ会計論—ポスト・ノーマルサイエンス—』において論究しているので閲読していただきたい。

　貨幣経済において活動のあるところに会計が起こる。とりわけ企業は多様な資源と関係を経済的資源として利用し経済活動（収益獲得活動）を行う経済主体であり、それらを会計の認識対象とすることによって、その使用・廃棄（インフロー・アウトフロー）に会計的制約を加えてきた（図表序−1、A）。

　しかし会計が対象とする会計的取引は当該企業内における財務的変化に基づいて認識され、企業にとって重要な経済的資源である自然資源の大部分は認識対象外であった。過去、大気、水などの自然資源は無限にあるという意識の下で自由に使用し、有害物質も含め自由に廃棄してきた。自然は流域機能、汚染の希釈、土壌保全、気候調節などを提供しており、人類の活動はその自然回復力、汚染浄化能力の範囲内で行われきた。しかし1900年以降の急激な人口増加ならびにエネルギー使用量の増加等により、人類の活動が地球の負荷を不可逆的に肥大化させ、自然・生態系に影響を及ぼすようになった。これらは公害問題、地球環境問題、生物多様性問題、宇宙環境問題として顕在化し、人的被害、生活環境の悪化をもたらすようになった（図表序−

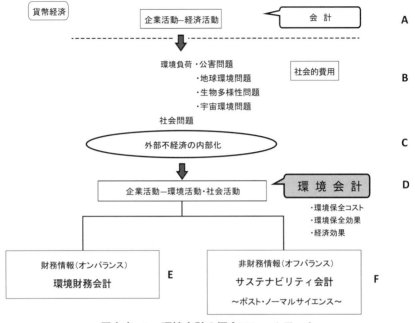

図表序-1　環境会計の概念フレームワーク

1、B）。

　1992 年「環境と開発に関する国際連合会議（United Nations Conference on Environment and Development : UNCED)」（通称リオサミット、地球サミット）において、「持続可能な開発（Sustainable Development)」を世界が目指すべき目標として採択し、現在の自然環境を将来世代に享受すべく環境を維持することが求められるようになった。そこで企業は、これまで発生させてきた環境負荷ならびにその結果である環境問題という外生的要因と対峙して、環境保全を経営理念に入れた事業活動が求められるようになった。そのためには企業内部で自然資源を認識し、その使用・廃棄に制約を加え、一定環境水準維持の下で活動する必要がある。このとき企業は、これまで会

計の認識対象外であった環境問題という外部不経済を内部化する必要が生じる（図表序-1、C）。外部不経済とは経済主体の外部に生じた負の効果であり、社会的費用とも呼ばれる。社会的費用は「組織体の活動の結果、企業外部の第三者または社会が被るあらゆる有害な結果や損失」と定義され[1]、社会経済に影響を及ぼすと同時に企業の持続的価値創造能力に影響を与えうる。内部化とはある主体の中に取り込み費用負担することである。つまり企業はこれまでの経済活動に加えて、環境問題という外部の社会的費用を内部化するためのサステナブルな活動が求められるようになった。

　外部不経済の内部化は環境問題に限らず多様な社会問題に対して認知されるが、とりわけ持続可能な開発を目指し一定環境水準維持という制約に基づく環境対策活動により環境保全コストが発生し、その活動による効果(環境保全効果・経済効果)を認識する。それらを可能な限り定量的（貨幣単位または物量単位）に測定し伝達する仕組みとして環境会計の必要性が見出される（図表序-1、D）。

　図表序-2に示すように環境会計には多様な領域がある。環境会計についてはすでに2000年代に文献が多数刊行され、特にミクロ環境会計における外部環境会計の非制度会計は2000年代にピークを迎えている。この領域は環境報告書等で開示されてきたことから、環境報告会計とも呼ばれる（図表序-2、a）。第Ⅱ部「環境会計各論」では、この領域においてこれまで会計対象としての研究が希薄であった生物多様性の会計に焦点を当てて論究する。近年、環境会計領域の開示において気候関連財務情報開示タスクフォース（TCFD）の最終提言（2017年）に続き、2021年に自然関連財務情報開示タスクフォース（TNFD）が発足し、自然リスクに関する財務情報開示の枠組みが示された。また国際サステナビリティ基準審議会（ISSB）も気候

---

1)　Kapp［1950］pp. 13-14、同訳 pp. 15-16。

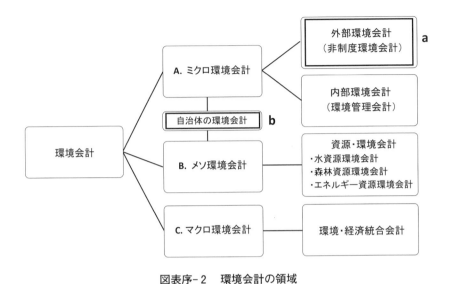

図表序-2　環境会計の領域

変動問題に続き、生物多様性問題に対する取り組みを進めている。そこで本書では、環境会計の発展的テーマとして生物多様性の会計を取り上げる。

　また自治体の環境会計は、自治体の庁舎における活動の管理（庁舎管理）というミクロ領域と、自治体が管轄する行政区域内の活動管理（地域管理）というメソ領域の両方に属する分野として、図表序-2では、A.ミクロ環境会計とB.メソ環境会計の間に位置づけている（図表序-2、b）。この分野については、筆者が居住している川崎市上下水道局の環境会計事例を取り上げ考察する。

　以上、本書の構成は、第Ⅰ部「環境会計総論」において、第1章「環境会計への要求」で環境問題（公害問題、地球環境問題、生物多様性問題、宇宙環境問題）を概観した後、環境問題に対する国際的取り組み（マクロ的対応）と、企業の取り組み（ミクロ的対応）を追い、第2章「環境会計の構築

と展開」で外部不経済の内部化に基づく企業の環境活動を会計制度において適切に認識・測定・開示する環境会計の必要性・可能性を論述したうえで、環境会計の構築と展開を考える。第Ⅱ部「環境会計各論」では環境会計の個別の発展的テーマとして、第3章「生物多様性の会計」で生物多様性に特化した環境会計について議論を深め、第4章「自治体の環境会計—川崎市上下水道局の環境会計事例を踏まえて—」では、ミクロ・メソ両領域に属する自治体の環境会計について論述する。

第Ⅰ部　環境会計総論

第 1 章　環境会計への要求

第1節　環境問題

　人類は地球の三大要素である大気、海洋、大地の自然の恵みを存分に享受しており、私たち人類を取り巻くこれらすべてを環境と考えることができる。つまり環境は私たちが活動する周囲の自然の物的状況であり、山・森林・海・川・大気・土壌など自然を形成する要素や、生態系を構成する生物を含み、生物多様性、生態系の健全性等広義の生物圏すべてである。人間の生活はこれら自然から多様な恩恵を受けており、この人類の利益となる自然の恩恵を「生態系サービス」と呼ぶ。「ミレニアム生態系評価（Millennium Ecosystem Assessment: MA）」[1] では、生態系サービスを「供給サービス」「調整サービス」「文化的サービス」「基盤サービス」の四つに分類した。「生態系と生物多様性の経済学（The Economics of Ecosystem and Biodiversity: TEEB）」[2] は、このうちの「基盤サービス」を「生息地サービス」と置き換え、図表1-1のように表した。

　これらの生態系サービス（フロー）を生み出す供給源が自然資本（ストック）である。自然は流域機能、汚染の希釈、土壌保全、気候調節などを提供しており、過去人類の活動はその範囲内で行われきた。人類の活動が自然資

---

1)　国際連合の提唱によって2001～2005年に行われた地球規模の生態系に関する環境アセスメント。生態系サービスの変化が人間生活に与える影響を評価するため、それらの現状と動向、未来シナリオの展望について分析を行っている。
2)　2007年にドイツ・ポツダムで開催されたG8＋5環境大臣会議で、欧州委員会とドイツによりTEEBプロジェクトが提唱された。すべての人々が生物多様性と生態系サービスの価値を認識し、自らの意思決定や行動に反映させる社会を目指し、これらの価値を経済的に可視化することの有効性を訴えている。TEEBの最大の狙いの一つが、自然の価値を経済的に明らかにすることを通して、自然資本会計の世界標準の基礎を確立することである。

図表1-1　TEEB による生態系サービスの分類

	主要サービスのタイプ
	供給サービス
1	食料（例：魚、獲物、果物）
2	水（例：飲用、灌漑用、冷却用）
3	原材料（例：繊維、木材、薪、飼料、肥料）
4	遺伝資源（例：穀物の改良と医学的用途）
5	医薬品資源（例：生化学製品、モデル及び試験生物）
6	観賞資源（例：工芸品、観賞植物、ペット動物、ファッション）
	調整サービス
7	大気質調整（例：微粒塵・化学物質などの捕捉）
8	気候調整（炭素固定、植生が降雨量に与える影響など）
9	異常気象の緩和（例：暴風と洪水の防止）
10	水流調整（例：自然排水、灌漑、干ばつ防止）
11	廃棄物処理（特に浄水）
12	浸食防止
13	土壌肥沃度維持（土壌形成を含む）
14	授粉
15	生物学的コントロール（例：種子の散布、病害虫のコントロール）
	生息地サービス
16	渡り性のライフサイクル維持（保育サービスを含む）
17	遺伝的多様性の維持（特に遺伝子プール保護）
	文化的サービス
18	美観的情報
19	レクレーションと観光の機会
20	文化、芸術、デザインへのインスピレーション
21	霊的経験
22	認知発達のための情報

出所：TEEB 報告書（TEEB D0）（IGES 訳）p.22。

本の利用可能性に重大な影響を及ぼすことはなく、自由に使用し、有害物質も含め自由に廃棄してきた。したがって自然資本に制限または規制を課す必要はなく、自然資本の価値を評価してこなかった。しかし人間の富と自然資

本の成長率（低下率）には相関がある[3]。一般に富の増加は自然資本（ストック）の減少により実現しており、持続不能な状態に陥りやすい。

　約20万年前に現生人類であるホモ・サピエンスがアフリカに登場してから現在まで[4]、約1000億人の人類が出生してきた。地球上の人口は西暦1年に約3億人、1500年に約5億人となるが、食料生産技術や衛生環境の未発達のため、飢饉や疫病などによる死亡率が高く人口増加は抑えられていた。産業革命を機に人口が急増し、1800年に約10億人となった。さらに医療や衛生環境の改善、科学技術の革新により寿命が延び、1900年代以降急激に人口が増加した（図表1-2参照）。現在、世界中で1日22万人、1年で8000万人増加している[5]。

　このような人類の繁栄には二つの契機となる革命があった。一つ目は約1万年前の農業革命で、地表が氷で覆われた寒冷化が終わり農耕と家畜飼育が始まった。人類は狩猟採集から定住するようになり、各地で文明が誕生し、人口は緩やかに増加した。二つ目は約250年前の産業革命で、1769年にジェームズ・ワットが蒸気機関を発明したことにより、人類は化石燃料から莫大なエネルギーを得られるようになった。1820〜60年に石炭の生産は10倍になり、その後の100年でさらに10倍に増加した。

　18世紀半ばから19世紀にかけての産業革命以降、経済活動が大規模に展開され、エネルギーを大量に生産・消費するようになった。こうして人口の

---

3)　国連大学［2014］pp. 79-81。

4)　人類の起源・進化には諸説ある。国立科学博物館地球館等参照。

5)　世銀、国連、米国勢調査局等から推計。国連の中位推計シナリオでは2100年の109億人をピークとすると試算していたが、2020年7月に米ワシントン大学では、世界で予想以上に少子化が進み、世界の人口は2064年の97億人をピークに減少するという予測を発表した。このほかにも、グローバルチャレンジ財団のEarth 4 Allモデルなど、世界人口のピークはさらに早まるというシナリオを描いている。人口増加率は1960年代後半の2.09％をピークに、すでに約1％まで落ち込んでいる。

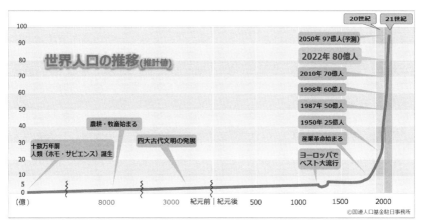

図表 1‒2　世界人口の推移（推計値）

出所：国連人口基金駐日事務所 HP（2023 年 5 月掲載承認）。

急激な増加に加えて 1 人当たりのエネルギー使用量が加速度的に増加し、人類の活動が地球の負荷を不可逆的に肥大化させた。経済発展志向の社会経済システムにおいて環境に負荷を与え続け、環境負荷の蓄積が地球が本来持っている自然回復力・汚染浄化能力を超越し、自然・生態系に影響を及ぼし、人的被害、生活環境の悪化をもたらすようになった。こうして環境問題――公害問題、地球環境問題、生物多様性問題、宇宙環境問題――が顕在化した。このままでは地球環境は回復不能な損傷を受け続け、将来世代に大きな禍根を残す。

1．公害問題

　日本では 1950 年代から 60 年代に、水俣病、新潟水俣病、イタイイタイ病、四日市ぜんそくといった四大公害病やカネミ油症が起こり、1970 年代に重大な社会問題となった。これらの公害問題は、原因と結果ならびに加害

者と被害者が特定可能な地域限定的な環境問題であり、法律・条例等の規制的措置として原因物質の排出を抑制することによって一定環境水準を維持してきた。しかし新たに、2011年の原子力発電施設の事故による放射能汚染という特殊な環境問題が起こった。またプラスチックごみによる環境問題も顕在化している。プラスチックは石油からつくられ、生産から廃棄の過程で発生する二酸化炭素（CO_2）は地球温暖化の原因となる。また海に流出すると分解せず、マイクロプラスチックが有害物質を濃縮して海洋汚染を引き起こす。世界では年間数百万トンのプラスチックが海に流入し、生態系への影響や健康被害が懸念されている。

2．地球環境問題

1990年代には、地球規模に及ぶ広域的な環境問題である地球環境問題—地球温暖化、オゾン層の破壊、酸性雨、砂漠化、熱帯林の減少、エネルギー資源・水資源・天然資源の枯渇等—が顕在化してきた。地球環境問題は広域的、多面的、かつ複雑なグローバル・イシューであり、かつての公害問題のように原因と結果、加害者と被害者が一対一で対応できるものではない。複数の原因により諸種の結果が発現し、また加害者イコール被害者という構図も見られる。その経緯をたどると、前述のような急激な人口増加かつ急激なエネルギー使用量の増加に加え、産業の規模と範囲の拡大、経済のグローバル化、情報通信技術の高度化などにより、人間が認知する環境問題の質・量・範囲が格段に高まった。

3．生物多様性問題

地球規模での環境問題の発展問題として、生態系（eco-system）が有す

る食物連鎖（food chain）やそれぞれの栄養段階における循環システムの破壊が起こり、生物多様性問題が顕在化してきた。生物多様性問題は、地球温暖化、化学物質、土壌汚染など全ての地球環境問題を基盤とする応用問題といえる。自然は生物の相互依存で成り立っており、生物多様性が豊かなほど生態系は安定する。生物多様性には、生態系、種、遺伝子の三つの多様性があり、それぞれの多様性により生物の生命は維持されている。しかし現在多数の生物種が急速に絶滅しており、人類の生存を脅かす水準に至っている。このような生物多様性問題に対する会計について、本書第 3 章において詳細に探究する。

4．宇宙環境問題

　さらに近年、地球の大気圏を超えた宇宙環境問題が懸念されるようになっている。運用を終えた人工衛星や、ロケットの残骸など宇宙空間での開発に伴って発生する宇宙ごみは「スペースデブリ」と呼ばれる。衛星打ち上げ数の増加に伴いスペースデブリは年々増加し、過去 20 年間で 2 倍に増えた。衛星小型化や宇宙ビジネスの参入により、今後も急速に増加する見通しである。現在大きさ 1 ミリメートル以上のスペースデブリは推計 1 億 5000 万個存し、大気圏外の宇宙空間を秒速 7 〜 8 キロメートルで高速移動している。デブリ同士が衝突したり、さらに増加して人工衛星や国際宇宙ステーション（ISS）に衝突して通信に大きな被害を及ぼしたりするおそれがある。宇宙ビジネスが加速する中で、このようなスペースデブリが障害となるリスクが高まっている。

　また宇宙空間に浮かべた太陽光パネルで発電し、地球に送電する「宇宙太陽光発電」の開発も行われている。これは地上 3 万 6000 キロメートルの静止軌道上に巨大な太陽光パネルを浮かべて発電した電気を、マイクロ波とい

う電波に変えて無線で地球に送り、地上のアンテナで受けた電波を再び電気に戻して利用するものである。地上の太陽光パネルと比べ、天候に左右されず常に発電できるため温暖化対策にも役立つ。これにより電気自動車にケーブルを使わずに充電することも可能で、次世代インフラの基盤技術としての期待が大きい。経済産業省では 2030 年代後半に宇宙空間での送電実験を行い、2040 年代以降の実用化を目指している。このような宇宙空間での開発に伴い、宇宙環境が劣化している現状がある。今後も宇宙環境問題への対策が求められる。

　環境問題はかつての公害問題から地球環境問題、生物多様性問題、宇宙環境問題へと格段に広範かつ多数の要因が複合的に絡み合い、人類の持続可能性を長期的、俯瞰的に思量すべき問題となっている。もはや一国、一地域のみで解決できる問題ではなく、地球規模での国際的な対応が求められ、実際に多様なアプローチによる取り組みが行われている。そこで次に環境問題に対する国際的な取り組みを追う。

第 2 節　環境問題に対する国際的取り組み―マクロ的対応―

1．国際的取り組みの経緯

　図表 1 - 3 は、環境問題に対する国際的な取り組みの年表である。1960 年代頃から自然環境の悪化が問題視され始め、1972 年にスウェーデンのストックホルムで環境に関する世界で最初の国際会議「国連人間環境会議（United Nations Conference on the Human Environment）」（通称ストックホルム会議）が開催された。キャッチフレーズを「かけがえのない地球

（Only One Earth)」として 114 カ国が参加したが、各国の思惑が入り交じり
最終的な合意形成に難航した。先進国が公害問題等の環境汚染問題に優先的
に取り組むべきと主張するのに対し、途上国は貧困から生ずる諸問題、特に
人間の居住問題が最大の環境問題であり、これを最優先課題とすべきと主張
した。最終的にこれらの意見を概括した「人間環境宣言」が表明され、その
前文で「人間環境の保全と向上に関し、世界の人々を励まし、導くための共
通の見解と原則」と謳った。

　自然資源と人工資源の両立が、福祉、基本的人権、生存権の享受のために
不可欠である。特に環境保護と改善は全ての政府の義務であり、「共通の信
念」として、自然資源の保護、再生可能資源を生み出す地球の能力の維持と
回復・向上、野生生物とその生息地の保護、有害物質の排出等の停止、海洋
保全の徹底、生活条件の向上、途上国の環境保護支援、都市計画上の配慮、
環境教育、環境技術の研究と開発などを列挙した。またこれらを実行するた
めに、国際連合において環境問題を専門的に扱う「国連環境計画（United
Nations Environment Programme: UNEP）」をケニアのナイロビに設立し
た。ストックホルム会議の開催日であった 6 月 5 日は、環境の日として記念
日になっている。

図表 1-3　環境問題に対する国際的取り組み

国際連合会議	世界の状況
1972　国連人間環境会議（United Nations Conference on the Human Environment) スウェーデン、ストックホルム（ストックホルム会議）　114 カ国参加 キャッチフレーズ「かけがえのない地球（Only One Earth)」 「人間環境宣言」 「環境国際行動計画（UNEP)」	1972　国連環境計画（United Nations Environment Programme: UNEP）設立 1978　ラブカナル事件 ・砂漠化・干ばつによる環境難民 1980 米大統領調査「西暦 2000 年の地球」 ・二酸化炭素濃度の上昇

1974　世界人口会議（ブカレスト） 　　　世界食糧会議（ローマ） 1977　国連水会議（マルデルプラータ） 　　　国連砂漠化防止会議（ナイロビ） 1979　世界気候会議	
1982　国連環境計画（UNEP）管理理事会 　　　**特別会合　ケニア、ナイロビ（ナイロビ** 　　　**会議）** 　　　「ナイロビ宣言」 　　　「1982 年の環境：回顧と展望」 　　　（リオ会議への布石となる）	1983　OECD「環境アセスメント開発援 　　　助」 1983　酸性雨問題浮上 **1984　「環境と開発に関する世界委員会** 　　　**（World Commission on Environment** 　　　**and Development: WCED）」（ブルント** 　　　**ラント委員会）発足** **1987　Report：我 ら 共 有 の 未 来（*Our*** 　　　***Common Future*）‘Sustainable Deve-** 　　　**lopment’** 1986　オゾン層の破壊確認 1986　チェルノブイリ事故発生 1988　IPCC（気候変動政府間パネル）設 　　　立 1989　廃棄物に関する UNEP バーゼル条 　　　約 1989　アラスカ沖原油流出事故「バル 　　　ディーズ原則」（→ 1992「セリーズ原則」 　　　に改称）
1992　環境と開発に関する国際連合会議 　　　（United Nations Conference on Environ- 　　　ment and Development: UNCED）ブラ 　　　ジル、リオ・デ・ジャネイロ（リオサミッ 　　　ト、地球サミット）180 カ国参加 　　　**「環境と開発に関するリオ・デ・ジャネ** 　　　**イロ宣言」（リオ宣言）** 　　　**「持続可能な開発のための人類の行動計** 　　　**画」（アジェンダ 21）** 　　　**「森林原則声明」** 　　　**「気候変動枠組条約」** 　　　**「生物多様性条約」** 2000　ミレニアム・サミット（ニューヨー 　　　ク） 　　　**「ミレニアム開発目標（MDGs）」**	1993　持続可能な開発委員会（Commis- 　　　sion on Sustainable bio Development: 　　　CSD）設立 ・地球温暖化問題浮上 ・気候変動枠組条約締約国会議 　　　（Conference of the Parties to the United 　　　Nations Framework Convention on 　　　Climate Changes） COP1：ベルリン（**1995　ドイツ**） COP2：ジュネーブ（1996　スイス） COP3：京都（**1997　日本**） 　　　**「京都議定書」** COP4：ブエノスアイレス（1998　アルゼン 　　　チン） COP5：ボン（1999　ドイツ） COP6：ハーグ（2000　オランダ） COP6 Part 2：ボン（2001　ドイツ） COP7：マラケシュ（2001　モロッコ） 　　　「マラケシュ合意」

2002　持続可能な開発に関する世界首脳会議（World Summit on Sustainable Development: WSSD）南アフリカ共和国，ヨハネスブルグ（ヨハネスブルグ・サミット） 「持続可能な開発に関するヨハネスブルグ宣言」	COP8：ニューデリー（2002　インド） COP9：ミラノ（2003　イタリア） COP10：ブエノスアイレス（2004　アルゼンチン） COP11：モントリオール（2005　カナダ） COP12：ナイロビ（2006　ケニア） COP13：バリ（2007　インドネシア） COP14：ワルシャワ（2008　ポーランド） COP15：コペンハーゲン（2009　デンマーク） 2010　メキシコ湾 英 BP 社石油掘削装置の爆発事故 **※生物多様性条約締約国会議　COP10：名古屋（2010　日本）** COP16：メキシコ（2010　カンクン） 2011（東日本大震災）福島第一原子力発電所事故 COP17：南アフリカ（2011　ダーバン）
2012　国連持続可能な開発会議（United Nations Conference on Sustainable Development: UNCSD）「Rio＋20」ブラジル，リオ・デ・ジャネイロ 「我らが望む未来（The future we want）」 2015 国連持続可能な開発サミット（ニューヨーク） 「持続可能な開発目標（SDGs）」	COP18：ドーハ（2012　カタール） COP19：ワルシャワ（2013　ポーランド） COP20：リマ（2014 ペルー） **COP21：パリ（2015 フランス）** **「パリ協定」** COP22：マラケシュ（2016 モロッコ） COP23：ボン（2017 ドイツ） 2018 G7「海洋プラスチック憲章」米国、日本は署名見送り COP24：カトビツェ（2018 ポーランド） COP25：マドリード（2019 スペイン） 2020　パリ協定開始 2021　米大統領トランプからバイデンへ **※ COP15：昆明（中国）2021 年オンライン，2022 年モントリオール（カナダ）で対面「生物多様性のスーパーイヤー」** （2030 年までの国際目標を採択） COP26：グラスゴー（2021 英国）
2022　「ストックホルム＋50」スウェーデン，ストックホルム テーマ「すべての人の繁栄のための健全な地球―私たちの責任、私たちの機会」	COP27：シャルム・エル・シェイク（2022 エジプト） COP28：ドバイ（2023）アラブ首長国連邦（UAE）予定 COP29：（2024 オーストラリア）予定 COP30：ベレン（2025 ブラジル）予定

　このとき設立された国連環境計画（UNEP）管理理事会特別会合が、10年後の 1982 年にケニア・ナイロビで開催され（通称ナイロビ会議）、環境問題について大局的見地から提言を行う委員会を設けることが提案された。1984 年に「環境と開発に関する世界委員会（World Commission on Environment and Development: WCED）」（通称ブルントラント委員会）」が発足し、1987 年に同委員会の報告書 *Our Common Future*（我ら共有の未来）が公表された。その中で「持続可能な開発（Sustainable Development）」という概念が提唱され、1989 年頃から先進国サミットにおいても環境問題が有力な議題として取り上げられるようになった。

　その後も地球温暖化やオゾン層の破壊などの環境問題が一層身近に迫り、自然環境の破壊の進行により人類の生存が脅かされる危機感が高まった。このような危機感を背景に、1992 年にブラジルのリオ・デ・ジャネイロで「環境と開発に関する国際連合会議（United Nations Conference on Environment and Development: UNCED）」（通称リオサミット、地球サミット）が開催され、「持続可能な開発」を世界が目指すべき目標として採択した。「持続可能な開発」とは、「将来の世代が自らの欲求を充足する能力を損なうことなく、今日の世代の欲求を満たすことができるような開発」と定義される。つまり現在の自然環境を将来世代に享受すべく環境を維持したうえで発展していくことが求められる。

　地球温暖化やオゾン層の破壊、自然資源の破壊、野生生物の危機、廃棄物問題などの環境問題は、南北問題や人口増加、労働問題、都市化などの社会経済問題と密接に関連している。こうした認識に基づき、各国・各セクターが共通の場で議論し、世界全体で環境保全と持続可能な開発に取り組んでいくための方向性と具体的な手法を提示することを決めた。このとき「環境と開発に関するリオ・デ・ジャネイロ宣言」（リオ宣言）の一つとして「持続可能な開発のための人類の行動計画」（アジェンダ 21）を政府合意として採

択し、「気候変動枠組条約」の署名を開始した。

　アジェンダ 21 は環境保全と持続可能な開発のためにまとめられた 20 世紀最大の合意で、リオ宣言に盛り込まれた原則を踏まえ、署名した各国政府が21 世紀に向けて実施していく具体的な政策課題を 40 分野にわたり整理している。また国だけでなく、自治体や NGO などあらゆるセクターが、持続可能な社会を形成するための政策決定の主軸として位置づけた。1993 年にはハイレベルな「持続可能な開発委員会（Commission on Sustainable Development: CSD）」が国連経済社会理事会の機能委員会として設立され、アジェンダ 21 実施の進捗状況の監視、資金源およびメカニズムの妥当性についての定期的な見直し、非政府組織（NGO）との対話強化などを行っている。

　リオサミットから 10 年後の 2002 年に南アフリカ共和国のヨハネスブルグで「持続可能な開発に関する世界首脳会議（World Summit on Sustainable Development: WSSD）」（通称ヨハネスブルグ・サミット）が開催され、「持続可能な開発に関するヨハネスブルグ宣言」が示された。以下当宣言の抜粋である。「我々は、万人にとって人間の尊厳が必要であることを認識し、人間的で公正かつ思いやりのある地球社会を建設することを公約する」「我々は、持続可能な開発の相互に依存し、かつ補完的な支柱、すなわち、経済開発、社会開発および環境保護を、地方、国、地域および世界レベルでさらに推進し強化するとの共同の責任を負う」。こうして地球を救い人類の発展を促進し、世界の繁栄と平和を達成するために団結し共同で行動することを約束し、持続可能な開発の実現を確実なものとする決意を厳粛に宣言した。

　さらに 1992 年のリオサミットから 20 年後の 2012 年に、再びリオで「国連持続可能な開発会議（United Nations Conference on Sustainable Development: UNCSD）」「リオ＋20」が開催された。「リオ＋20」の主要議

題は「グリーンエコノミー（グリーン経済）」であった。従来と同様の生産および消費を継続していくことによって、地球上の資源は減少ないしは枯渇し持続不能な状態に陥っていく。持続可能な開発、すなわち豊かさと福祉、環境保護を統合する開発の実現に向けて、経済的、環境的、社会的福祉の基盤となる成果文書を定め、193カ国が全会一致で採択した。また世界銀行は、自然資本の価値を経済的価値に換算して国家会計や企業会計に盛り込む「50：50プロジェクト」6) を提唱し、自然資本会計を推進した。

　2022年にはスウェーデンのストックホルムで「ストックホルム＋50」が開催された。1972年にストックホルムで開催された国連人間環境会議（ストックホルム会議）で、環境と貧困の関連性を初めて指摘し、国際的なアジェンダの最前線に据えてから50周年となることを記念して「ストックホルム＋50」と名づけられた。会議のテーマは「すべての人の繁栄のための健全な地球―私たちの責任、私たちの機会」で、「行動の10年」を軸に、持続可能でグリーンな経済、より多くの雇用、そして誰一人取り残さない、すべての人のための健全な地球への変革を加速することを提言した。気候変動、自然や生物多様性の損失、汚染や廃棄物の危機を克服しながら、COVID-19の大流行から立ち直るための道筋が話し合われた。2015年「持続可能な開発目標（Sustainable Development Goals: SDGs）」を実現するための国連行動の10年、2030アジェンダ、気候変動に関するパリ協定、2020年以降の生物多様性世界枠組の実施を加速する足掛かりとして、COVID-19後のグリーン復興計画の採択を促進するものである。

---

6)　自然資本の価値を50の国が国家会計に、50の企業が企業会計に組み入れることを目標にしたプロジェクト。

2．持続可能な開発の遂行

　グローバルな環境問題に対して、世界会議において持続可能な開発が提唱・採択・宣言され、50 年以上にわたって国際的に取り組まれてきたが、持続可能な開発を効果的に実行していくためには次の三つの条件が重要である。一つ目は、最も基本的な自然資本の保護・保全である。地球自体が、莫大な価値を有する自然資本のストックである。この自然資本を維持しながら持続可能な開発を推進していくためには、自然資本が持つ能力、つまり地球の自然回復力・汚染浄化能力の範囲内で自然資本を使用し開発していかなければならない。そのためには、全世界で自然資本の保護と保全に努め、すでに破壊された自然資本については、その回復と復元を敢行していく必要がある。基礎的な生態学的資本ストックの減少に歯止めをかけるためには、様々な「D」——森林消失（Deforestation）、砂漠化（Desertification）、生息地と生物種の破壊（Destruction of habitat and species）、大気と水の質の低下（Decline of air and water quality）——に抜本的な見直しを加えることが必要とされる[7]。

　二つ目は、エネルギーおよび原料の効率的使用である。産業革命以降の大量生産は多くのエネルギー・原料を使用し、それと引き換えに多くの財・雇用・所得を生んだ。しかしエネルギー生産の拡大に伴い、自然資源の酷使、地球環境の悪化をもたらした。そして近年、持続可能な開発を根底に置いた社会経済システムの変革が求められ、資源浪費型経済から効率的経済へと大きく変化している。大量のエネルギーおよび原料の投入量に替わり、情報や知識といったインタンジブルズを活用することによって、より多くの財・雇

　7）　ジム・マクニール他著、日米欧委員会日本委員会訳［1991］p. 34。

用・所得を生むような効率的経済が追求されている。持続可能な開発を目指す効率的な経済が、競争力を高め経済的利益を生む。

　最後に持続可能な開発のための最も重要な条件は、経済と環境との統合である。かつて経済発展志向の政策下では、利益追求型の投資意思決定と、持続可能な開発の要件とは相反するものと考えられてきた。環境リスクを評価する手段を持たず、環境活動の価値評価が難しかったため、環境対策のための市場資金の獲得が困難であった。このような投資意思決定を基礎とする社会経済では経済と環境との対立関係を導き、環境対策活動は限定され、環境対応は問題発生後になってしまう。経済と環境が互いに補完・強化しあうためには、持続可能な開発の出発点において、経済と環境との統合的な意思決定が行われなければならない。

3．京都議定書からパリ協定へ

　1992年の地球サミット（ブラジル、リオ・デ・ジャネイロ）において気候変動枠組条約が採択され、1994年に発効した。その後気候変動枠組条約締約国会議（COP）が、1995年COP1（ドイツ、ベルリン）から今日に至るまでほぼ毎年開催されている。1997年COP3（日本、京都）では「京都議定書」が採択され、2015年12月COP21では「パリ協定（Paris Agreement）」が採択された。パリ協定は異例の早さで各国の批准が進み、採択から1年も経たない2016年11月に発効された。歴史上はじめて先進国・途上国の区別なく、温室効果ガス削減に向けて自国の決定する目標を提出し、目標達成に向けた取り組みを実施することなどを規定した公平かつ実効的な枠組を目指した。パリ協定では地球の平均気温の上昇を産業革命前から2度未満とし、1.5度以内に抑えることを努力目標としている。この目標を達成することにより、今世紀後半に人為的な温室効果ガスの排出量と吸収

図表1-4　京都議定書とパリ協定の相違

京都議定書		パリ協定
1997	採択年	2015
2005	発効年	2016
2008年～2020年（第1,2約束期間）	対象年	2020年以降
先進国38カ国・地域	対象国	途上国も含む197カ国・地域
大気中の温暖化ガスの濃度を安定化させる（第1約束期間；先進国は2008年から2012年の間に1990年比で約5%削減）。	目的	産業革命前からの気温上昇を2度未満に抑え、1.5度未満にするよう努力する。
なし。	長期目標	今世紀後半に温暖化ガスの排出量を実質ゼロにする（カーボンオフセット）。
日本は6%減、米国7%減、EU8%減など。途上国には削減義務なし。	各国の削減目標	全ての国に削減目標の提出、国内対策に取り組むことを義務化。5年ごとに更新。達成は義務づけない。
目標未達なら罰則。	目標の達成義務	なし。
先進国に拠出義務があると規定。	途上国支援	先進国に資金拠出を義務づける（先進国は2020年以降1000億ドルを下限に拠出することを合意）。途上国には自主的な拠出を求める。

源による除去量とを均衡させ（世界全体でのカーボンニュートラル）、脱炭素社会に向けた転換点とすることを目指している。

第3節　環境問題に対する企業の取り組み―ミクロ的対応―

　マクロ的な持続可能な開発の動向に企業活動も影響を受け、環境保全を経営理念とした事業活動を展開するようになっている。すべての企業は自然資本を経済的資源として利用し経済活動（収益獲得活動）を行い発展してきた。現在の利益は将来の自然資源を犠牲にして得られている。持続可能な開

発という概念の下で企業活動を行うためには、環境問題という外生的要因を企業内部に取り込み、内生的要因の展開として捉えたうえで認識・測定・開示する必要がある。そこで本節では環境問題に対する企業の取り組みについて論考する。

1. 環境アカウンタビリティ

　企業が環境活動に基づく環境情報を会計として認識・測定・開示すべき根拠に、環境アカウンタビリティがある。これは情報の偏在が存在する企業とステークホルダーとの関係において、人類共有の財産である環境情報についての責任とその開示を求めるものである。

　株式会社の形態において、会社の所有者である株主と経営者には資金の委託・受託関係があり、その利害対立を緩和するためにも会計は用いられる。株主（委託者）は自らの資金を経営者に委託し、経営者（受託者）は当該資金が事業活動を通じて最大化するように行動する責任を負う。このような受託者責任の下で経営者は受託資本の管理運用を行い（Stewardship）、それに伴う資金運用の内容を報告する説明責任を持つ（Accountability）。両者がコンフリクトの状態では社会は安定せず、両者間の信頼を確保するための制度が必要となった。また歴史的に見ると、株式会社の株式所有者が特定少数の大株主から不特定多数の株主へ変化するとともに、利害関係者の多様化と社会的影響力の強大化が起こり、会社は一層社会的な存在へと発展していった。こうして経営者（受託者）が説明責任を果たすべき対象は株主（委託者）だけでなく、従業員、債権者、投資家、潜在的投資家、取引先、消費者、地域住民、政府機関などの規制当局等、企業内外の多様なステークホルダー（受益者）に広がっていった。

　また企業は、人類共有の財産である自然資本を利用して事業活動を行い、

自然・生態系に影響を与えている。企業の経営者と、広範なステークホルダーである社会の人々との間には、広義において地球をめぐる信託関係が成立している。企業（受託者）は受益者たる現代世代、および将来世代の人類の利益のために、人類共有の財産である自然資本を適正に管理運用することを委託されている。社会における受益者の利益は、将来世代が発展していけるような健全な自然環境や、平和で安定した社会において高まる。このような社会を実現していくことによって企業は受託者責任を果たし、その利用状況および環境影響に対する説明責任が求められる。つまり受託者たる企業は受益者たる現代世代および将来世代の人々に、自己に課せられた受託者責任を誠実に果たしているかどうかを報告する説明責任を負っている。

　企業は自然資本を利用して、財およびサービスの生産・流通機能を通じて事業活動を遂行しているが、過去自然資本の価値を企業内部で認識・評価してこなかった。しかし持続可能な開発を考慮すると、自然資本を利用している企業は、これまで認識してこなかった自然資本の価値を企業内部で認識し定量的に測定し、ステークホルダーに開示・説明していく「環境アカウンタビリティ」が求められる。こうした企業行動が社会における受益者の生活の質を向上させ、受益者の利益を高めるとともに社会的価値を創出する。

　さらに近年では、企業と投資家との間に新たな関係性が見出されるようになってきた。かつてのエージェンシー理論では、投資家と経営者は利害対立関係にあり、経営者は短期的視点による株主価値最大化を求められた。しかし1990年代以降のスチュワードシップ理論では、中長期的視点で投資家との相互作用による企業価値創造を追求するようになった。2014年に金融庁が公表した『「責任ある機関投資家」の諸原則《日本版スチュワードシップ・コード》〜投資と対話を通じて企業の持続的成長を促すために〜』では、投資家とのサステナブル・コミュニケーションに基づく経営を示唆している（2017年改訂、2020年再改訂）。企業が持続可能な開発を推進するため

には、形式的な報告による一方向コミュニケーションではなく、双方向コミュニケーションを基盤とするステークホルダー・エンゲージメントを展開し、企業の成長戦略や資本の有効活用を考え、投資家・経営者双方にとって重要な情報——財務情報、非財務情報——を収集する必要がある。また 2015 年には上場企業に『コーポレートガバナンス・コード〜会社の持続的な成長と中長期的な企業価値の向上のために〜』が適用され、企業の説明責任が強化されている（2018 年改訂、2021 年再改訂）。これら二つの対をなすコードにより、企業の持続可能な開発の促進が期待される。

　企業は投資家とのコミュニケーションを有機的・総合的に組み合わせて自社の実態に合った形で価値創造ストーリーを構築し、説明責任を果たしながら持続可能な開発を具現化する。特に環境問題に関しては、企業がステークホルダーから期待されている内容を正確に開示・説明し、ステークホルダーに対する社会的責任を履行していく環境アカウンタビリティが求められる。このとき発生する会計数値である環境コスト、環境保全効果、経済効果などを定義に基づいて認識・測定・開示する必要が生じ、ここに環境会計の必要性が見出される。

2．市場メカニズム

　企業と投資家との関係性において、環境への配慮を求める機関投資家が出現し、環境アカウンタビリティに新たな意味が求められるようになった。会計には投資家のニーズに応じて会計情報を提供する役割があるが、特に環境会計情報は環境指向の利害関係者が市場（代表的には証券市場、製品市場）での取引の意思決定に有用な情報となる。こうした投資という側面に焦点を当てて考えると、市場メカニズムへの対応が環境会計情報の開示を求める理論的根拠となる。そして市場メカニズムにより、その根元となる環境対策活

動が推進され、さらに投資が誘引されるという循環が起こる。

（1）環境配慮型融資制度

　日本政策投資銀行（Development Bank of Japan Inc.: DBJ）は 2004 年から企業の環境経営への取り組みを総合的に評価し、その評価結果により 3 段階の適用金利を設定する「環境配慮型経営促進事業」の運用を開始した。これは企業の環境経営度を総合的に評価し、その結果を踏まえて企業の環境対策費用を対象とした融資を行うもので、日本が初めて間接金融に環境格付けを導入する取り組みを行った。欧米では株式投資を中心とする社会的責任投資（Socially Responsible Investment: SRI）が主流であったのに対し、日本では間接金融のウェイトが高いことから SRI の手法を融資の形態に活用した。さらに DBJ は、2009 年から地方銀行に環境格付け融資のノウハウの提供を開始し、DBJ の評価項目を基に地銀各行が独自の基準を設定している。

　また DJB は 2021 年度から 2025 年までの 5 年間の中期経営計画の重点施策として ESG 分野への投融資を掲げ、5 年間の融資総額を従来実績比 5 割から 8 割程度増やし、融資先の企業にグリーン新技術の開発を促す。政府が 2050 年までに温室効果ガス排出量を実質ゼロにする目標を掲げているのに対応し、企業による環境技術の開発や普及を後押しし、経営環境の変化を踏まえた業態転換を支援するものである。借り手側の企業にとっては、ESG に取り組むことが融資を受ける条件として重要となる。また新型コロナウイルス後の社会の変化に対応する企業の再編にも資金を提供する。DJB がリスクマネーを率先して供給することにより、他の金融機関への波及効果も期待される。

（2）グリーンボンド（環境債）

　企業の資金調達手法にも変化が生じ、資金使途を環境事業に限定する「グ

リーンボンド（環境債）」の発行が拡大している。対象となる環境事業は、太陽光発電や風力発電など再生可能エネルギーの導入、廃棄物や水資源の管理、生物多様性の保全など多岐にわたる。2007 年に欧州投資銀行が初めて環境債として「Climate Awareness Bond（気候を意識した債券）」を発行し、世界銀行やアジア開発銀行などの国際金融機関も続いて発行した。その後民間金融機関や事業会社も相次いで発行すると、2014 年に民間金融機関が参加する国際資本市場協会（International Capital Market Association: ICMA）[8] が「グリーンボンド原則（Green Bonds Principle: GBP）」（以降遂次改訂）を策定し、民間の市場が拡大した。その具体的な内容は、1. 調達資金の使途、2. プロジェクトの評価・選定のプロセス、3. 調達資金の管理、4. レポーティング、という四つの柱からなる。つまりグリーンボンドと称する以上、調達資金が確実に環境対策事業に充当されるとともに、それについての透明性が確保されなければならない。同協会は原則への合致について、ESG 評価機関、監査法人、格付け会社等の第三者機関の評価を取得することを推奨している。格付投資情報センター（R&I）は 2016 年から評価を始め、グリーンボンド原則の 4 項目に加えて過去の環境問題への取り組みを考慮し 5 段階で評価している。

①　企業の環境債による資金調達

　2014 年に、日系企業として初めてトヨタの米金融子会社であるトヨタモータークレジット社（TMCC）が、使途をハイブリッド車（HV）を割賦

8）　ICMA は 1969 年に設立された国際団体で、チューリッヒに本部を置きヨーロッパを中心に約 60 カ国、500 以上の金融機関が参加している。ICMA の任務は国際債券市場のレジリエンスと良好な機能を促進することで、2014 年グリーンボンド原則（GBP）のほか、2018 年ソーシャルボンド原則（SBP）、2020 年サステナビリティ・リンク・ボンド原則（SLBP）、2020 年トランジション・ファイナンスハンドブック等を随時公開している。

販売する際の金融事業やリース債権の購入資金と明記して 17 億 5000 万ドルのグリーンボンドを発行した。また日本の発行体としては、日本政策投資銀行（DBJ）が初めて環境性能評価「グリーンビルディング認証」が付いたビル向けの融資に限定したグリーンボンドを 2.5 億ユーロ発行し、屋上緑化や再生可能エネルギーの活用などを 5 段階で評価し、高格付けの 5 物件に充てた。2015 年には 3 メガバンクの三井住友銀行が、太陽光発電などの再生可能エネルギー分野に融資するグリーンボンドを 5 億ドル発行し、社会貢献型商品への関心が高い投資家の需要を取り込んだ。

　2016 年には国内の事業会社で初めて野村総合研究所が環境債 100 億円を発行した。同年に三菱 UFJ フィナンシャル・グループが「TLAC 債」と呼ばれる資本性の証券を合計 30 億ドル発行し、そのうち 5 億ドルを太陽熱、太陽光、風力などの発電事業に投じるグリーンボンドとした。2017 年および 2018 年にバークレイズ証券が 2040 年償還の太陽光発電事業を使途とした環境債を継続的に発行し、長期で安定した資金調達を行った。また 2017 年には独立行政法人の鉄道建設・運輸施設整備支援機構が 200 億円の債権を発行し、調達資金を相模鉄道線と JR 東海道貨物線や東急東横線をつなぐ「神奈川東部方面線事業」（建設費約 4000 億円）に充てた。広域ネットワークの整備で自動車利用客を鉄道に呼び込み CO_2 の排出削減につなげる狙いで、2018 年にも継続発行している。戸田建設は長崎県五島市で計画する浮体式洋上風力発電設備（最大出力 20 メガワット強）建設の整備投資を目的として 100 億円の環境債を発行し、みずほフィナンシャルグループ（MHFG）は総額 5 億ユーロのグリーンボンドを発行した。

　環境債の発行規模は年々拡大している。2019 年に日本電産が当事世界最大規模の 1000 億円を発行し、2021 年にユーロ建てで計 5 億ユーロ発行した。2020 年に旭化成が水力発電所改修を目的に発行した環境債には発行額の 2 倍以上の買い注文が入り、最終的に抽選となった。2021 年には農林中

央金庫が ESG の取り組み強化の目的で、初のグリーンボンドを 10 億ドル発行した。INPEX も初の環境債を発行し、資金調達の手段を多様化している。

　また NTT は 2040 年度までにグループ全体の温室効果ガス排出量を実質ゼロにする目標を掲げており、再生可能エネルギーの発電設備や、独自の光技術を使った次世代通信網「IOWN（アイオン）」の研究開発に必要な資金を環境債で調達した。2020 年に 400 億円、2021 年に償還期限 3 年、5 年、10 年の 3 本で総額 3000 億円となる環境債を発行し、年金や保険など幅広い機関投資家から想定を上回る応募があった。需要に応じて追加発行し、同年 11 月にはユーロ建てで、日本企業が発行する外貨建てグリーンボンドでは過去最大級となる計 15 億ユーロを発行した。このほか 2022 年にホンダは初のグリーンボンド 27.5 億ドルを発行した。マルハニチロは海洋事業に資金使途を限定する「ブルーボンド」50 億円を発行し、養殖事業などに資金を充てる。

　このように企業は環境対策事業の資金調達において、銀行からの融資に加えて環境債を活用するようになっている。環境債の発行にあたっては、カーボンニュートラルに向けた具体的な長期目標を策定し、投資家からその対策活動への理解を得たうえで、計画実現のために調達が行われる。

　このような中、世界の債券市場で環境債への投資需要が急速に高まり、債券利回りの低下圧力により同条件の債券より利回りが低くなる「グリーニアム」という現象が起きている。グリーニアムは、市場で調達した資金を環境分野に振り向ける「グリーンボンドに付くプレミアム」という意味の造語である。通常債券でプレミアムという場合はリスクプレミアムを指し金利は高くなるが、環境債の場合は反対に価値が高いという意味でプレミアムという言葉が使用されている。グリーニアムは環境債を巡る需要と供給の不均衡から生まれる。環境分野に対する資金需要の高まりで世界の環境債発行額は拡大しているが、それ以上に世界の機関投資家の ESG 関連の投資ニーズが高

図表 1-5　日本の発行体による主な環境債の発行事例

発行時期	発行体	発行額	概要
2014 年 10 月	日本政策投資銀行	2.5 億ユーロ	環境配慮ビルに融資
2015 年 10 月	三井住友銀行	5 億ドル	再生エネルギー向け融資
2016 年 9 月	野村総合研究所	100 億円	環境配慮ビル取得
2017 年 8 月	バークレイズ証券	46 億円	太陽光発電事業の開発および完工後の発電事業
10 月	東京都	計 100 億円	スマートシティ
11 月	鉄道建設・運輸施設整備支援機構	200 億円	広域ネットワークの整備による CO_2 削減
12 月	戸田建設	100 億円	洋上風力発電の建
2018 年 4 月	三菱 UFJ リース	100 億円	太陽発電向けの融資
5 月	日本リテールファンド投資法人	80 億円	環境配慮ビル取得
	日本郵船	100 億円	LNG 燃料船の製造
6 月	三菱地所	100 億円	環境配慮ビル開発
2019 年 11 月	日本電産	1000 億円	電気自動車（EV）向け基幹モーターの生産・開発
2020 年 2 月	鹿島	100 億円	環境に配慮したビルの建設
3 月	三井住友ファイナンス＆リース	150 億円	太陽光・風力発電の設備投資
6 月	旭化成	100 億円	水力発電所の改修
2021 年 9 月	農林中央金庫	10 億ドル	ESG 取り組みの強化、外貨調達
10 月	INPEX	100 億円	資金調達の手段の多様化
11 月	NTT	3000 億円 15 億ユーロ	再生可能エネルギーの発電施設、次世代通信網「IOWN（アイオン）」の研究開発

まっており、金利低下をもたらしている。

②　国による環境国債の発行

　環境債の発行による資金調達は、企業の活用が先行し発行規模が拡大してきたが、国による環境国債の発行も増加している。2016 年にポーランドが

初めて環境国債を発行し、2017 年にはフランスが 70 億ユーロを発行した。2020 年にドイツが発行した環境国債（10 年債）には発行額の 6 倍超の需要があり、発行金利は同条件の通常の国債より 0.02% 低く金融市場で注目された。ドイツでは環境国債で利回り曲線（イールドカーブ）を描く試みが進んでいる。英国では温室効果ガス排出量を 2030 年に 1990 年比 68% 削減する目標を掲げており、これに向けて民間資金を活用して環境分野の市場創出や競争力向上につなげる目的で、2021 年に総額 160 億ポンドの環境国債を発行した。

　また EU は 2026 年までに新型コロナウイルス禍の復興基金（総額 7500 億ユーロ）の約 3 分の 1 に当たる最大 2500 億ユーロを環境国債として発行する計画で、世界の債券市場にも影響を及ぼす可能性がある。調達資金の使途の例として、リトアニアの風力発電所建設や、ドイツの自動車工場におけるデジタル化などを挙げている。2022 年に世界で過去最大の発行額となる 120 億ユーロ（2037 年償還、約 15 年債）を発行し、資産運用会社などが高い関心を示して調達額の 11 倍を超える 1350 億ユーロ以上の応募があった。さらにヨーロッパ諸国では ESG 国債が主流となっている。

　日本でも環境省が促進に取り組んでいるほか、東京都がグリーンボンド発行に向けたトライアル施策として、2016 年に豪ドル建ての個人向け都債「東京環境サポーター債」（期間 5 年、利率年 2.5%）100 億円相当を発行し即日完売した。調達した資金は道路照明の発光ダイオード（LED）への切り替えなど、都が保有する施設のエネルギー使用の合理化といった環境事業に充てられた。2017 年にはスマートシティを目的とした投資家向けの「東京グリーンボンド」を総額 100 億円発行した。その後も、都の環境事業に対する都民のオーナーシップ意識の喚起と、グリーンボンド市場の活性化を目指し、個人向け都債「東京グリーンボンド」を発行している。

　国際通貨基金（IMF）は今後 10 年で気候変動対策に最大 10 兆ドルを要す

図表 1 - 6　環境国債の発行国・地域

国・地域名	初回発行年（年）	累計発行額（億ドル）
ポーランド	2016	43
フランス	2017	207
アイルランド	2018	59
ベルギー	2018	55
インドネシア	2018	35
チリ	2019	59
香港	2019	35
韓国	2019	5
ドイツ	2020	146
スウェーデン	2020	23
ハンガリー	2020	18
エジプト	2020	8
イタリア	2021	102
スペイン	2021	59
英国	2021	134

出所：リフィニティブのデータ（累計発行額は 2021 年 9 月時点）。

ると試算しているが、公的財源では 3 割しか賄えない。脱炭素の実現には投資マネーが不可欠となっている。

③　アジア地域におけるグリーンボンドの拡大

　2020 年時点で、世界で大気汚染が深刻な都市の上位 148 カ国をアジア太平洋地域が占め、アジア地域では大気や水の汚染が大きな問題になっている。国連アジア太平洋経済社会委員会（ESCAP）の推計によると、持続可能な開発目標（SDGs）を 2030 年までに達成するためには、アジア太平洋で年 1 兆 5000 億ドルの投資が必要とされ、資金調達のニーズが高まっている。こうした状況を背景に、アジア地域でもグリーンボンドの発行が急速に拡大している。アジア全域でグリーンボンドの需要は供給を上回り、2020 年の

需要は発行額の平均 5.7 倍に達した。

　特に中国と香港でグリーンボンドの発行が急増している。金融ハブとしての地位向上に向け官主導でグリーン金融の覇権を狙うが、質の確保などの課題も多い。2021 年の発行額は 714 億ドル（中国本土の環境債の発行額は 611 億ドル、香港は 102 億ドル）と 2020 年の 2.2 倍となった。世界最大の CO_2 排出国である中国は 2060 年までにカーボンニュートラルを達成する目標を掲げているが、中国が目標を達成するためには、2021〜30 年に年 2 兆 2000 億元、31〜60 年には同 3 兆 9000 億元の投資が必要と試算される。中国本土の債券市場はライセンスをもつ金融機関だけが参加でき、国有企業の国家開発銀行、国家電網などによる発行が広がっている。

　一方、オフショア市場である香港では、アジアの機関投資家が活発に売買を行っている。香港は「グリーン金融のハブ」をめざし、香港取引所は 2020 年末にグリーンボンドを含むサステナブル債券の情報プラットフォームを立ち上げた。投資家が気候変動リスクを投資判断の材料とするため、2025 年までに金融機関に気候関連の情報開示を求めている。またグリーンボンドの発行計画を推進するため、発行時に外部機関の認証取得にかかる手数料の一部を補助する枠組みも創設した。他方、インドネシア政府は、イスラム法に適合した金融商品として初のイスラム式環境国債「グリーンスクーク」を発行し、中東などの投資家が購入している。

④　各国中央銀行のグリーン QE（量的緩和）

　各国の中央銀行でも脱炭素に向けた取り組みを検討し、世界のグリーン戦略を金融面から支えようとしている。金融緩和の長期化で利下げ余地が小さくなる中、国債や社債の購入により資金供給する政策に軸足を移し、量的緩和策でグリーンボンドを購入する「グリーン QE（量的緩和）」を検討している。

　英国政府は 2050 年までに温室効果ガス排出量を実質ゼロにする目標を掲げているが、英国中央銀行のイングランド銀行はこの目標に沿い、金融政策の一環として実施する社債買い入れにおいて、企業の気候変動リスクを考慮する。これまでは業種ごとに、発行残高比に応じて買い入れるという中立性を重視した運用を行ってきたが、温室効果ガス削減の優劣で配分に傾斜をつけて、気候変動対応を促す仕組みに改める。これを「社債購入枠組みのグリーン化」と題し、直近の排出量、削減実績や目標、気候変動関連の情報開示といった項目を評価し、情報開示の拡充も進める。また社債発行企業全体で温室効果ガス排出量の段階的削減目標を設け、中間目標として、保有社債のポートフォリオ全体で 2025 年までに 20 年比で 25% 削減する。

　スウェーデン中央銀行のリクスバンクは、環境対策などサステナビリティの基準を満たす社債のみに購入対象を絞った。具体的には、国連や経済協力開発機構（OECD）の指針などに照らしながら、リスクが大きいと判断した企業の保有分を減らす。オランダ銀行も欧州中央銀行（ECB）が導入した社債買い入れを念頭に、気候変動を踏まえたリスク管理強化の必要性を提唱した。欧州中央銀行（ECB）は金融政策を戦略的に見直し、グリーン QE（量的緩和）を開始した。フランス銀行は ESG 評価が低い銘柄を排除し、年金基金の投資から石炭関連企業を引き揚げた。

　日本銀行は 2021 年 12 月に、金利 0 ％ で長期資金を供給する気候対応オペ（グリーンオペ）を始めた。この制度は、金融機関のマイナス金利の負担を軽減する優遇措置の趣意もある。環境対応の融資を行う金融機関に対して日銀が金利 0 ％ で円資金を供給し、マイナス金利の適用を回避する。貸付期間は原則 1 年であるが、回数制限なしで借り換え可能とし、実質的に長期資金の供給を可能とする。具体的な支援対象は、脱炭素につながる設備投資への融資や環境債の購入などで、この環境債には、企業が脱炭素に段階的に移行する際のトランジション・ファイナンスも含める。トランジション・

図表1−7　各国中央銀行の脱炭素に向けた主な取り組み

国・地域	中央銀行	主な取り組み
英国	イングランド銀行	社債の買い入れにおいて企業の気候変動リスクを考慮。また発行企業に温暖化ガスの削減計画など情報開示の拡充を要求。
スウェーデン	リクスバンク	社債の購入対象を環境などサステナビリティの基準を満たす銘柄に絞る。国連やOECDの指針を参照。
オランダ	オランダ銀行	気候変動が中銀資産に与える影響を分析。ECBの社債購入を念頭にリスク管理を提唱。
欧州	欧州中央銀行（ECB）	金融政策の戦略的見直しを公表し、グリーンボンド等の本格的な購入を開始。
フランス	フランス銀行	年金基金の運用先を見直し、2024年までに石炭関連企業から投資資金を引き揚げ。
日本	日本銀行	組織横断的に情報を共有する「気候変動ハブ」を設置。
中国	中国人民銀行	環境債の対象となる事業のリストを作成し、環境関連のグリーン融資の指針を金融機関に提示。

ファイナンスの対象例としては、現時点で温室効果ガスの排出量の多い電力会社が、石炭発電から高効率の天然ガス発電に切り替える設備投資のための資金調達などが想定される。

　支援対象とする投融資のグリーンの判断は各金融機関に委ねるが、今後の課題となるのは制度の透明性や妥当性の確保である。企業は脱炭素に向けた工程表の作成により融資を受けやすくし、金融機関には取り組みに対する開示を求める。また気候関連財務情報開示タスクフォース（Task Force on Climate-related Financial Disclosures: TCFD）の提言に基づき、日銀自身や取引先金融機関の情報開示を充実させる。TCFD提言によると、気候変動が金融にもたらすリスクは大きく二つある。一つは自然災害の増加などにより銀行の融資先の財務が悪化する「物理的リスク」で、もう一つは社会が低炭素へと移行する過程で政策や消費者の好みが変わり金融に悪影響を及ぼす

「移行リスク」である。こうしたリスクが金融システムに影響を及ぼし、中央銀行の保有資産の低下リスクにつながる可能性もある。気候変動リスクが顕在化して中央銀行の財務の健全性が損なわれれば、政策の継続も難しくなる。金融システムの安定に向けて、金融庁と連携して大手金融機関を対象とした「共通シナリオ分析」を試行し、気候変動が経済や市場に与える影響について、一定の仮定に基づき、金融機関の財務の健全性を検証することが求められている。

⑤　グリーンボンドガイドライン、タクソノミー

　環境債の流通とともに市場における質の確保が課題となり、第三者機関が資金の使途や効果を検証し、投資家に報告する仕組みの整備が求められる。環境債の国際的な基準としては前述の ICMS「グリーンボンド原則」が普及しているが、グリーボンドガイドラインの策定は各国に広がってきている。中国では 2015 年に中国人民銀行が「緑色金融債権（グリーンボンド）」ガイドラインを示すと、2016 年に中国企業・金融機関によるグリーンボンド発行額が 230 億ドルを超え、世界の主要国となった。ブラジルでは 2016 年にブラジル版のグリーンボンドガイドラインを公表し、インドではグリーンボンドを発行する際の開示事項についての覚書を公表した。EU は 2016 年にグリーンボンドの可能性に関する研究レポートを公表し、包括的で共通の「ヨーロッパ・グリーンボンド基準（European Green Bonds Standard）」の策定を提言した。

　日本では環境省が 2017 年に「グリーンボンドガイドライン 2017 年版」を公表した。ただし法的拘束力はなく、資金使途を環境対応とすることを特徴とした債券であることを規定したものである。2018 年には東京証券取引所が機関投資家の環境債取引を促すために「グリーンボンド・ソーシャルボンド・プラットフォーム」を開設した。評価については、格付投資情報セン

ター（R&I）や日本格付研究所（JCR）などが、ICMS のグリーンボンド原則に基づいて、資金調達事業のグリーンプロジェクトプロセスの明記、調達資金の適切な管理など、主に発行手続きに着目した外部評価を手掛けている。さらに金融庁が東京証券取引所と連携して、第三者機関が発行手続きや事業の環境配慮を精査し、条件を満たしたものに認証を与えるなど、投資家が安心して環境債に投資できる仕組みを策定している。評価・認証した環境債はインターネット上で閲覧できるようにし、資金使途などの基本情報、ESG に関する企業の取り組み内容などを投資家が迅速に調べられるようにしている。

　ロンドン証券取引所はグリーンボンド専用の情報プラットフォームを作成し、ルクセンブルク証券取引はグリーンボンド関連のデータや分析ツールを提供するデータハブを開設した。香港証券取引所も関連ニュースやコラムを独自に提供するサービスを始めた。

　環境債の発行拡大に伴い、環境配慮を装っているが実態とは異なる「グリーンウオッシュ」が国際的に問題となっている。EU ではこうした行為を排除するために、2021 年に環境に配慮した事業や製品を詳細に分類した「EU タクソノミー」を公表した。EU の欧州委員会は環境債の法案で企業が環境債を発行する際に、この EU 基準への合致および第三者機関による審査を義務づけ、新基準に従って発行する債券を「欧州グリーンボンド（EuGB）」と名づけた。企業は環境債発行前に資金調達の目的や使途を公表し、発行後には資金の使用内容を報告する。欧州証券市場監督機構（ESMA）に登録された第三者機関が、発行前後に報告書の内容が EU 基準に準拠しているかを審査する。またシンガポール金融管理局（MAS）の「グリーンファイナンス産業タスクフォース（GFIT）」は、投資家や銀行向けに経済活動が環境保全に配慮しているかを判断するための分類基準「タクソノミー」を策定し、持続可能なグリーンと、持続可能でないレッドの間

に、移行段階としてイエローを設定して三分類した。

　2007 年に初めてグリーンボンドが発行されてからグリーンボンドの市場は年々拡大し、安定した資金調達の手段として欠かせなくなってきている。市場の背景には、環境債を通じて環境保全につながるプロジェクトに資金を提供するという投資家側の環境への投資意欲の高まりがある。生命保険会社や年金基金などの世界の機関投資家が、ESG 投資への運用資金の配分比率を高めており、社会に与える影響や責任を問われるようになっている。

（3）脱炭素関連投資信託

　温室効果ガスの排出量削減など、脱炭素に貢献する企業に投資する投資信託（投信）の発行が増加している。野村アセットマネジメントは日本の上場企業を対象に、脱炭素社会への移行に伴って事業拡大が期待できる技術をもつ電気自動車（EV）や蓄電池、半導体関連など温室効果ガス削減に貢献できる企業を組み込んだ投信を設定している。三井住友トラスト・アセットマネジメントは、スペインの洋上風力発電設備を手掛けるシーメンスガメサ・リニューアブル・エナジーなど、温室効果ガスの削減や吸収技術をもつ世界の関連企業の投信を設定した。三井住友 DS アセットマネジメントが設定した脱炭素への取り組みやイノベーションに貢献する企業の投信は、2021 年5 月末に運用資産が 1000 億円に達した。今後も各運用会社の追随が見込まれる（図表 1 - 8 参照）。

　これまでも ESG 全般を対象とした投信は多種発行されてきた。人気の高いアセットマネジメント One の「グローバル ESG ハイクオリティ成長株式ファンド」は新規設定時に 4000 億円近い資金を調達し、純資産総額は 1 兆円を超える。これに対して脱炭素に限定した投信は、再生可能エネルギー関連設備や技術開発などに強みを持つ企業に絞って投資するのが特徴で、脱炭

図表 1-8　脱炭素関連投資信託の例

投資信託販売会社	ファンドの特徴
野村アセットマネジメント	日本株を対象とした脱炭素投信を設定
三井住友トラスト・アセットマネジメント	脱炭素を進めるための再生可能エネルギー関連の企業に投資
三井住友DSアセットマネジメント	脱炭素への取り組みやイノベーションに貢献する企業に投資
三菱UFJ国際投信	温室効果ガス排出量削減に取り組む企業に投資

素の動きが進むにつれて業績拡大が期待できる銘柄を組み入れている。

（4）環境関連株式

　世界の株式市場で、環境関連銘柄にも資金が流入している。各国政府が気候変動対応を進めており、景気変動にかかわらず長期的成長が見込めるという期待が持たれている。

　米株式市場で環境銘柄の値動きを反映するナスダック・クリーン・エッジ・グリーン・エネルギー指数は、2021年10月に2019年末比3倍の水準まで上昇している。個別銘柄では、EVメーカーであるテスラの株価は時価総額が初の1兆ドルを超えて2019年末比13倍となり、自動車業界で首位となった。デンマークのオーステッドは、2017年に主力事業を石油やガス事業から洋上風力発電に切り換え株価が上昇している。中国の車載電池メーカーの寧徳時代新能源科技（CATL）や、EV用モーターを生産する日本電産は、環境関連銘柄としての評価が高く株価を上げている。米国のネクステラ・エナジーなどの再生可能エネルギーを手掛ける会社や、廃棄物処理関連の米ウェイスト・マネジメントの株価が上昇し、2019年末比で時価総額が1.4倍となっている（図表1-9参照）。

　市場メカニズムに基づく投資に焦点を当てて考えると、投資の意思決定要

図表 1 - 9　主な環境関連株式

社名	国	主な事業	2021 年 10 月 25日の時価総額	時価総額増加率（2019 年末比）
テスラ	米国	EV	1 兆 146 億ドル	13.4 倍
オーステッド	デンマーク	再生可能エネルギー	591	1.4
CATL	中国	車載電池	2210	6.6
日本電産	日本	EV 用モーター	646	1.6
ネクステラ・エナジー	米国	再生可能エネルギー	1654	1.4
ウェイスト・マネジメント	米国	ゴミ収集・廃棄物処理	679	1.4
岩谷産業	日本	水素製造	34	2.0
レノバ	日本	再生可能エネルギー	32	3.9

因は急激に多様化、広範化、高度化している。会計を証券市場のインフラと考えると、証券市場を成立させるためには投資意思決定のために有用な情報が提供されなければならない。このときどのような情報をどのように開示するかが問題となるが、環境会計情報は市場でのリスクを低減させ、経営成績に重要な影響を及ぼす情報として必要性が見出される。そこで次に、環境会計について論究していく。

第 2 章　環境会計の構築と展開

第1節　環境会計の意義

　日本は第二次世界大戦後、低価格の石油を大量に消費する資源浪費型経済をとってきたが、1973 年の第一次オイルショック時、政府は産業界に石油・電力の 15% 削減、民間にエネルギー資源の節約を要請した。その結果 1973 年から 84 年の間に、生産一単位当たりのエネルギーおよび原料の投入量が 40% 減少した。オイルショックは、低価格の原油供給という戦後経済の基盤を崩壊させた。さらにオイルショック後には、エネルギー、原料等、資本コストの上昇により、低エネルギーで、軽量かつ耐久性に富む材料を使用した製品の開発に尽力した。これは省エネルギー技術の研究開発の促進、原子力・風力・太陽光など非石油エネルギー活用の契機となった。さらにエネルギー・原料投入率を下げることにより投資資本を減少させ、生産一単位当たりの総合コストを削減させた。そして同時に、環境に有害な排出物・廃棄物を減らすことが可能であることを体得したのである。

　また別の誘因ではあるが、2011 年 3 月 11 日の東日本大震災により、日本中の産業界、民間において節電、省資源が求められ、特に関東・東北では大口電力の使用制限令が発動され、小口・家庭にも節電を促した。1973 年のオイルショック以来、38 年ぶりの電力使用制限令であり、削減幅は前回と同様の 15% であった。法律で瞬間最大使用電力を規制できるのは契約電力 500 キロワット以上の大口需要家のみであるが、同 500 キロワット未満の小口や家庭にも 15% 削減を求めた。このような状況下において、通常では産業において減産・規模の縮小を余儀なくされるところであるが、使用電力の抑制が事業活動の制約にならないよう産業界の対策が本格化した。

　パナソニックでは独自のソフトウエアによる解析やシミュレーションにより、工場ごとに最も効率よく生産を継続できるシステムを構築した。セン

サー設置などの投資は全体で数億円と見積もられたが、3 年で回収できる計
画を立てた。丸紅では 2 億円超かけて本社ビルの照明を LED に置き換え、
遮熱ブラインドを設置した。東レや丸善食品工業は、自家発電機を新設・増
強して稼働率を維持した。NTT データや帝人は、在宅システムを導入して
オフィスの電力消費を抑えた[1]。こうした節電、省資源への対応は、当初
は即効性のある対策が中心となるが、以降も継続して対策を推進していくこ
とによって生産性効率が向上し、環境負荷の削減が実現する。IT（情報技
術）各社は情報システムの効率化で培ってきた節電や継続運用ノウハウを生
かし、企業の BCP（事業継続計画）ニーズに応え、省エネルギー下でも生
産量を落とさない仕組みを追求している。

　1973 年のオイルショック時、日本の産業界は省エネ技術を高め、環境分
野でトップランナーとなった。2011 年の大震災後も、復興に向けてインフ
ラを整備し、世界に製品を供給し続ける責務を負いながら、効率化に向けて
の一層の努力と工夫が推進された。このような災害緊急時の努力による資源
の節約と、再生利用技術による環境上の利益は、産業活動の効率化をもたら
し、産業廃棄物の減少、水の消費量と水質汚濁の減少、大気汚染の減少、森
林消失の減少、土壌浸食の減少という環境効果として現れる[2]。こうした
行動の選択は、有害物質の排出抑制のみを目的とした高価な末端技術より
も、中長期的な視点で見れば遥かに効果的な方法であることが実証されてい
る。以上のような分析を踏まえて、環境会計は、環境対策投資コストに対す
る効果を幅広く把握し、意思決定においてどのような行動を選択するかとい
う問題に対処すべく開発された[3]。

---

1)　日本経済新聞 2011 年 5 月 14 日付朝刊。

2)　ジム・マクニール他［1991］pp.36-38。

3)　太田昭和監査法人環境監査部［2000］pp.3-4。

第2節　環境会計の構築

1．環境会計の領域

　環境会計の対象は地球規模ないしは宇宙規模に及び、広範かつ多様である。このような環境会計情報に対する環境会計は、次のように定義されている。「環境会計は経済システムによる環境への働きかけによって生じる経済的生態的影響を定量的に測定し、伝達するプロセスである」[4]。最も大きな経済システムであるマクロ環境会計（図表序-2、C）では、国際連合その他の国際機関が1993年に『国民勘定体系と補助表（A System of National Accounts and Supporting Tables）』（略称SNA）の改訂版を刊行した際、従来のSNAの勘定体系と接合させた環境勘定に言及し、同年、『環境・経済統合会計』というハンドブックを公刊した。このハンドブックでは、環境と経済を統合する会計システム（System for Integrated Environmental and Economic Accounting）（略称SEEA）が提案されており、1993年版SNAで取り上げられた環境勘定の内容が具体的かつ詳細に記述されている。こうした国などを対象とするマクロ会計領域では、経済的豊かさに代わって生活の質の豊かさを測るための社会的指標を開発する試みが行われている。

　マクロ会計の動向に影響を受ける形で、企業や自治体等の行政組織、民間非営利団体などを対象とするミクロ会計においても、各主体を取り巻く環境問題や社会問題を把握して報告するための会計システムが開発され、ミクロ環境会計とし発展してきた（図表序-2、A）。また都道府県のような地域経済を対象とした経済システムをメソ環境会計と捉えることができる（図表序

---

4)　河野［2001］p.18。

‐2、B)。自治体の環境会計では、ミクロ会計とメソ会計の両領域に属した環境会計が展開されている。また環境会計では、水資源、森林資源、エネルギー資源といった資源ごとに特定のエリアを対象としたメソ環境会計も展開されている（図表序‐2、B）。本章では、ミクロレベルの経済システムである企業の環境会計を主体に考える。

２．企業における環境活動

　環境問題の多くは環境負荷がストックされた状態と捉えることができる。この環境問題という社会的費用を内部化するために、企業は環境活動を行う。つまり環境活動とは、環境負荷のストックにより低下した環境の水準の改善や向上を目指して行われる活動である。ではこの環境問題という社会的費用を、いつの時点で、誰が、どのように内部化し、コストとして負担していくのか。近年では環境汚染発生源は多様化し、環境問題の因果関係は複雑化しているが、基本的にはその環境負荷のストックがなされている期間、ストックに関わるすべての人・団体・企業等が責任を負い、長期的な計画を持って対応していく必要がある。その中でも特に経済活動を行う主体として企業の役割は大きく、企業は環境マネジメントシステムの運用、グリーン調達、化学物質管理、環境報告書の作成および公表等、自主的な環境活動を進めており、環境活動は企業経営の必須項目として組み込まれてきている。

　企業が環境に関する経営目標を立て、それに沿った環境活動を行うことにより、企業と企業外部の環境との関係が良好なものとなり、企業の持続的成長が高まる。逆に企業が環境対応の努力を怠ることにより、環境問題に起因した事故が発生し、企業の存続が危ぶまれる事態ともなりかねない。こうした企業の環境経営は環境リスクを低減させるだけでなく、環境に対する気高い経営理念と環境活動への誠実な取り組みによって企業イメージを高め、環

境ブランドとしてインタンジブルズの企業価値を高める。環境ブランドとは、製品自体から受ける便益ではなく、企業の環境活動のイメージに基づく便益である。

　企業の環境活動とブランド構築との関連の具体例を示すと、企業の環境への取り組みに関する冊子の配布、カタログや店頭での環境に配慮した製品の解説、エコバッグによる包装紙、リフィルサービス・容器回収による容器使用量・廃棄量の削減活動などが実際に多くの企業で行われるようになっている。さらにこれらの環境活動のマスメディアへの掲載が一般消費者の認知度を高め、環境ブランドの構築に有効に働いている。このように企業の環境活動が企業価値を高め、それによる便益を環境ブランドとして資産化することも行われている。

　次に前述の環境会計の定義における、環境活動によって生じる「経済的生態的影響」について分析する。経済的影響とは、企業における財務的変化、つまり資産・負債の増減変化を意味し、生態的影響とは、環境における変化を意味する。これらを定量的に測定する際、通常、経済的影響は貨幣単位で測定され、生態的影響は物量単位で測定される。したがって環境会計における測定では、貨幣単位、物量単位の両方が用いられる。しかし元来、会計は財務情報に対して、測定・分類・分析・伝達などのプロセスとして展開してきたのであるから、基本的には貨幣単位による財務情報が先行する。そしてその第一義的目的の結果である生態的影響は、物量単位で測定される。したがって企業の環境活動を表す環境会計は、貨幣単位で測定された財務情報と、物量単位で測定された非財務情報によって完結する。またこのような関連を補完するための定性情報が開示されるべきである。

　企業は環境活動に関する会計情報を、投資家の意思決定有用性に応ずるべく提供することが求められ、環境会計はその基礎となる。

3．環境会計の要素

（1）包括的環境コスト

　一般的に環境コストは、環境問題に対する企業の環境活動によって発生する。本書では、財務会計の枠に捉われない広範な環境コストのことを「包括的環境コスト」と呼ぶ。包括的環境コストは多様であり、それらを分類・整理しておく。具体的には環境コスト（財務的変化）、偶発的環境コスト、社会的環境コスト、非貨幣環境情報に分類し、以下それぞれの認識を明確にしておく。

①　環境コスト（財務的変化）

　企業会計におけるコストは企業活動に伴う財務的変化であるが、特に環境コストとは、環境価値の認識・評価をも取り込んだ企業の環境活動に伴って起こる財務的変化である。財務会計においては状況によって投資、費用、損失として計上され、場合によっては経済効果を生んだり、負債の計上を伴ったりする。これらはまた、「環境保全コスト」（意図した影響をもたらす活動（環境保全活動）のために企業内部で発生したコスト）と、「環境損失」（意図した影響をもたらす活動ではなく何ら便益をもたらさないが、企業に支払いが要求される環境コスト）という分類ができる。

　環境保全コストは企業の環境保全活動に伴って発生するコストであり、環境負荷物質の発生を防止・抑制・回避し、もし発生してしまった場合には、その影響を除去・浄化する。また実際に被害が起こった場合には、被害回復コストが発生する。また近年では循環型社会形成推進基本法[5]や各種リサ

---

5)　2000 年 6 月に施行され、この法律を基本的枠組みとして、個別のリサイクル法が次々と制定、改正された。

イクル法に基づき、生産者は製品の設計段階でライフサイクル全体を考慮して、廃棄物の発生量や環境負荷などを最小化する「環境配慮設計」が求められている。このような考え方に基づいた製造業における典型的な環境保全コストは、環境負荷を低減させるマテリアル（原材料）の購入、グリーン調達に伴うコスト増加分、温室効果ガス排出量削減に対応した製品開発に要した追加コスト、環境対策のために既存の設備に付加した施設・設備のためのコスト、廃棄物のリサイクル・再利用に伴うコスト、事業活動から生じる土壌汚染の防止・調査・浄化・修復のためのコストなどがある。

　一方環境損失は、環境保全のためのコストではないが、企業活動が環境に与えた損傷によって生じるコストであり、自然資源の被害によって発生した支出、環境関連の罰金、過料、損害賠償金、訴訟関連費などがある。

　財務会計上、環境保全コストと環境損失との違いは、その支出によって企業が直接的または間接的に何らかの経済的便益または環境便益をもたらすことが期待できるかという点にある。通常の財務会計における費用と損失の相違は、その支出によって企業内に経済的便益をもたらすかどうかで判断されるが、ここでは通常の財務会計にはない環境便益というものが出現している。これについては次項（２）環境保全効果でその概念を述べる[6]。

②　偶発的環境コスト

　偶発的環境コストは、企業が現時点で実際に支出するものではないが、将来発生する可能性のあるコストである。裁判で係争中の偶発債務、環境法規制強化または環境意識の高まりにより新たに生じるコスト、現在環境対策を行っていないために将来発生してしまうコストなどである。逆に現在環境対策などを実施することで、将来回避または削減できるというプラスに作用す

---

6)　なお、拙著2023年『環境財務会計各論』第1章第2節「環境保全コストの資本化の可能性」において、環境コストの費用化、ならびに資本化の会計的意味を分析している。

る偶発的環境コストもある。

③　社会的環境コスト

　企業外部で発生する費用のうち、環境問題に関連して発生するものを社会的環境コストという。企業外部に目を向けて社会全体を考えたとき、企業活動に伴って生じる環境負荷が環境問題として顕在化し、外部の第三者の健康被害や、農産物・森林・漁業など社会全体が環境汚染被害を起こしている。このように社会的環境コストは企業外部が負担しており当該企業の直接的な経済的負担とはならないが、社会的環境コストと当該企業との因果関係が立証されることによって、企業は外部不経済の内部化を要求され費用負担する[7]。具体的には、企業が自発的に環境活動を実施することによる直接的な社会的環境コスト、または政府等の規制、顧客による告訴や不買運動による間接的な社会的環境コストや損失などがある。

④　非貨幣環境情報

　企業における包括的環境コストは、環境という性質上、その測定において金額に換算し得ない要素や、金額情報にするとかえってその正確性が損なわれてしまう場合もある。そこでこれらの情報については金額情報ではなく、量的・質的環境情報として開示することが望ましい。これは環境会計の金額情報を補充するために不可欠な情報である。

（2）環境保全効果

　企業の環境活動に伴い発生する環境保全コストの第一義的目的は、環境保全効果である。「環境保全効果は、環境負荷の発生の防止、抑制又は回避、

7）　同上書第1章第1節第2項「外部不経済の内部化と財務会計」では、社会的環境コストの内部化による企業の財務的影響を考察している。

影響の除去、発生した被害の回復又はこれらに資する取り組みによる効果とし、通常物量単位で測定する」[8]。つまり、企業の環境への働きかけによって生じた測定可能な望ましい変化を言う。企業の環境保全活動にかける環境保全コストと、環境保全活動による環境負荷物質の排出抑制や影響の除去等の環境保全効果は環境パフォーマンスとして評価され、指標を用いて測定される。各企業にとって重要な環境パフォーマンス指標は、事業活動が環境に与える影響を考慮して企業が選択すべきものである。環境省では 2003 年『事業者の環境パフォーマンス指標ガイドライン― 2002 年度版―』[9] において、環境パフォーマンス指標の望ましいあり方や共通の枠組みを示すと共に、環境対策において重要かつ活用可能な指標を提示している。多くの企業に該当し、多くの利害関係者にとって関心の高い指標の例として、温室効果ガス排出量、廃棄物等総発生量、特定の化学物質の排出量・移動量などがある。

（3）経済効果

　「環境保全対策に伴う経済効果は、環境保全対策を進めた結果、企業の利益に貢献した効果とし、貨幣単位で測定する」[10]。経済効果は企業に利益をもたらすプラスの財務的変化であるが、利益の根拠の確実さの程度によって、①実質的効果、②推定的効果、に分類される。

①　実質的効果

　実質的効果とは「確実な根拠に基づいて算定される経済的効果であり」[11]、環境保全活動の結果、当期において実現した財務会計上の収益と、

---

8)　環境省［2005］p. 21。

9)　環境省［2001］『事業者の環境パフォーマンス指標― 2000 年度版―』の改定版。

10)　環境省［2005］p. 27。

発生を回避することができた費用である。環境保全活動も企業の事業活動の
一環であるから、伝統的会計と同様に、実現主義に基づいて認識される。具
体的には、生産工程から回収された有価物の売却額やリサイクルによる収
入、環境対応技術の有料提供、排出量取引による利益、省資源・省エネル
ギーなどに伴う費用節約額、規制環境負荷物質の排出量削減に伴う法廷負担
金の節減額のように、確実な根拠に基づいて測定可能な事項である。

②　推定的効果

　推定的効果とは「仮定的な計算に基づいて推計された経済効果であ
り」[12]、環境保全活動を行うことによって見込まれる環境リスクの低減に対
して、仮定計算に基づいて算出された収益と、費用の回避額である。しかし
環境保全活動を行うことによって将来発生すると推定される収益や、将来逓
減または回避できるコストは不確定で、金額の合理的な見積りを行うことは
難しい。また推定的経済効果は、次期以降のどの会計期間で効果が発生する
のかが不確実なため、当期の環境保全コストとそれにより将来実現が見込ま
れる経済効果とが期間対応しないおそれが多分にある。このような将来の推
定的効果を、現行の会計基準の下で認識することは難しい。

　経済効果は企業内の財務的変化であり、環境保全コストに対応する経済効
果は財務パフォーマンスとして評価される。このような財務パフォーマンス
は、経営者、株主、債権者、投資家など伝統的な財務諸表のステークホル
ダーの関心が高い。

---

11)　同上。

12)　同上。

4．環境会計の構築

　以上の環境会計の要素を環境会計データとして体系的に整理し、相互補完的に使用し評価する環境会計システムが開発されている。企業における環境活動を会計システムにおいて認識・評価する環境会計では、企業内部における環境コスト、経済効果のみならず、企業外部の環境や経済に及ぼす影響を取り込む。企業の外部性をどのように取り込み認識・評価することに有用性が高いのだろうか。このような環境会計を構築する。

　企業の環境会計のうち、外部環境会計（非制度環境会計）（図表序-2、A、a）の概念的枠組を図式化したものが図表2-1である。企業が持続可能な開発を目指して環境問題に対して環境活動を行う際、前項で示したような包括的環境コストが発生する（図表2-1、A）。このうち環境保全を目的としたコストを環境保全コストといい（図表2-1、B）、その第一義的目的は企業外部の環境保全効果である（図表2-1、C）。これら環境保全コストと

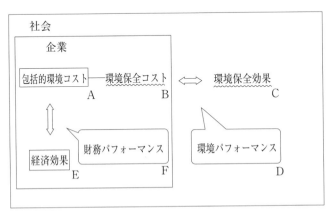

図表2-1　環境会計の概念的枠組

出所：筆者作成。

環境保全効果により環境パフォーマンスを認識する（図表2-1、D）。また環境保全コストをかけた結果として企業内の経済効果を認識することもあり（図表2-1、E）、これら環境保全コストと経済効果により財務パフォーマンスを認識する（図表2-1、F）。これらを体系的に認識・測定・開示する仕組みを「環境会計」と言う[13]。

第3節　環境会計の展開

　経済と環境との相互補完の概念に基づく実務上の発展に伴い、環境会計は1990年代後半から日本企業において急速に普及した。環境省（当時環境庁）では、環境会計への取り組みを支援するために、環境会計に関する共通の枠組みを構築することを目的として、1999年3月に『環境保全コストの把握及び公表に関するガイドライン〜環境会計の確立に向けて〜（中間とりまとめ）』を公表した。同ガイドラインは、企業などが自らの環境保全に費やした投資額や費用額、すなわち環境保全コストと、その環境保全効果ならびに経済効果を認識・測定・報告する仕組みを明らかにしている。

　環境省のガイドラインで示された環境会計のフレームワークは、日本企業の環境会計導入に大きな影響を及ぼした。環境省では平成3年度から継続して「環境にやさしい企業行動調査」を実施してきたが、令和2年3月『令和元年度環境にやさしい企業行動調査（平成30年度における取組に関する調査）調査結果』[14]によると、環境会計を導入していると回答した企業19.6%に対して、導入していない企業は62.6%となっている。また環境会計の導入企業割合の経年推移をみると、2006年まで上昇した後は頭打ちとなっ

---

13)　因みに、これら環境会計における環境保全コストと環境保全効果、経済効果の財務会計における認識については、拙著2023年『環境財務会計各論』第1章第1節1項「環境保全コストと経済効果・環境保全効果の評価と連環」において考察している。

ている。そこで経営に直結し、有用性の高い環境会計という問題意識のもとに、効果的な環境会計について考察する。

１．環境経営度合いの測定に関連づけた環境会計

　環境省の環境会計ガイドラインでは、環境保全コストの代表的な分類方法として「事業活動に応じた分類」を提示している。これは企業の一連の事業活動（財・サービスの購入から製造、流通を経て、販売または提供に至る一連の事業活動）を「主たる事業活動領域」と「上・下流域」に分類し、環境保全コストを該当する事業活動に分類するものである。ただしこの中から「管理活動コスト」「研究開発コスト」「社会活動コスト」「環境損傷対応コスト」は抜き出して別建てで計上し、その他の環境保全に関連するコストは「その他コスト」に分類する。当初のガイドラインでこの分類が提唱されたため、日本企業の多くが同分類に基づく環境保全コストの開示を行い、開示様式の標準化が進んだ。

　しかし企業によって事業形態や事業活動の体系が異なるため、『環境会計ガイドライン2005年版』では新たに「環境保全対策分野に応じた分類」を追加した。環境保全コストの評価は本来、金額の多寡のみで行うべきではなく、コストの性格を踏まえて判断する必要がある。企業が実施している環境保全活動は多岐にわたるため、環境問題の対策別に分類して把握・評価することは、「環境保全コスト」と「環境保全効果」および「環境保全対策に伴う経済効果」との相互関係を明確にし、環境会計情報の利便性を高める。こ

---

14)　平成30年度における取り組みについて、令和元年12月〜令和2年2月にかけてアンケート調査を実施した。調査対象事業者数は、東京証券取引所1部および2部上場企業774社、非上場企業3554社、合計4328社。有効回答数は、上場企業327社（回収率42.2%）、非上場企業888社（同25.0%）、合計1215社（同28.1%）。

のようにコストの性格に着目した環境保全対策分野に応じた分類では具体的に、地球温暖化対策、オゾン層保護対策、大気環境保全、騒音・振動対策、水環境・土壌環境・地盤環境保全、廃棄物・リサイクル対策、化学物質対策、自然環境保全の8つの対策分野が示されている。この分類では、個々の環境保全コストとそれぞれの環境保全対策分野に係る投入目的との関係をより明確にすることができる。

（1）横浜国立大学の環境会計

　国立大学法人横浜国立大学では、ウェブ上で『横浜国立大学エコキャンパス白書（環境報告書）』を公表し、その中で財務データを対象とした環境会計を開示している。当大学では経理システムと連動した環境会計システムを導入していないため、財務データから環境保全活動に関わるデータを抽出し、分類・整理している。

　この中で、とりわけ「環境保全コスト」のマトリックスに注目してみると、当初環境省ガイドラインにおいて提唱されてきた事業活動別分類を縦軸に示し、さらに2005年版において新たに提示された環境活動領域別分類を横軸に示している。つまり環境保全コストを事業活動別と環境活動領域別の両方で分類した後、両者を合体させたマトリックスを完成させている。横浜国立大学では、もともと環境保全コストを環境活動領域別分類に基づいて集計しており、これを環境省ガイドラインによる事業活動別分類に変換し両分類をリンクさせて開示しているということである。このように事業活動別と環境活動領域別をリンクさせたマトリックス表を作成することにより、情報量が大幅に増加すると同時に、他組織との比較が可能となっている。また従来組織内部で用いていた環境活動領域別コストと、他組織との比較可能な事業活動別コストとの関係を認知することができる。

　環境保全コストは、主として環境保全を目的とした活動に要した投資額と

費用額に分けて集計している。投資額とは環境保全対策の効果が長期に及ぶ環境保全対策に係るコストのことで、これ以外の環境保全を目的としたコストを費用額としている。人件費、減価償却費およびグリーン購入に関する費用は含まれていない。また、抽出したデータは差額集計や案分計算は行わず全額集計している。

　2021 年度の環境保全コストは、投資額が約 3.5 億円（前年度比約 0.7 倍）、費用額が約 1.9 億円（前年度比約 0.95 倍）である。引き続き大規模な空調設備改修を行ったため、地球温暖化対策への投資額は増加したが、2020 年度の実験排水処理設備改修の投資額が大きかったため、投資額全体としては減少した。費用額については、生活環境対策が約 36%、廃棄物・リサイクル対策が約 34%、森林保全・生物多様性保全が約 7.5% となっている。生活環境対策が増加、水環境等保全、化学物質対策が減少している。生活環境対策の増加は、大規模な樹木の剪定を行ったことに起因する。

　環境保全効果については、前年度と当年度の物質・エネルギーのインプットとアウトプットの総量を明らかにするとともに、差額を環境保全効果として物量で表示している。節約額については、環境保全効果として示した物量数値に、各物質等の当年度平均単価を乗ずることで算出している。環境保全コストは多様な環境保全活動に要した費用を集計しているため、節約額には直接貢献しない部分が含まれている。

（2）環境保全効果に基づく環境効率の測定

　株式会社オカムラでは、1997 年から管理会計とリンクした環境会計を導入しており、『オカムラグループ Sustainability Report 2022』の中のデータ集で、環境データとして環境会計を掲載している。環境保全効果については、絶対量および売上高当たりの数値を算出することにより、事業活動の環境効率を示している。売上高当たりの環境負荷を減少させることで、環境経

図表 2 - 2　環境会計の展開

	第 1 ステップ 導入	第 2 ステップ 改善	第 3 ステップ 経営活用
方　法	環境会計ガイドライン に準拠 社内での集計システム の構築	自社環境保全活動に対応 させて分類・整理し、 PDCA として活用できる 環境情報を提供 組み替えロジックにより 自社の実態に対応させる （集計単位を自社経営単位 に対応させるなど）	自社目的に適応した独自 の環境会計を構築
内部活用	コストと効果の実態把 握	項目別・活動別で PDCA 管理を実現 財務パフォーマンス・環 境パフォーマンス指標に よる評価	意思決定情報として利用 環境経営における指標の 有効活用

営度合いに関連した環境保全効果の測定が可能となっている。

（3）環境経営に基づく環境会計

　前出の環境会計の例は、環境省の環境会計ガイドラインに示されたフォーマットを発展させ、会計主体の特性に適合した形に再構築して展開している。図表 2 - 2 は環境会計の展開を表したものである。第 1 ステップは、まずは環境省「環境会計ガイドライン」に準拠し、環境会計を導入しようとする段階である。組織内での集計システムの構築を図り、環境保全コストと効果の実態を把握し、内部活用することが可能となる。

　第 2 ステップは、導入した環境会計システムを改善していく段階である。方法としては、環境会計情報を自社環境保全活動に対応させて分類・整理し、環境経営において PDCA サイクルとして活用できる環境情報とする。具体的には、組み替えロジックにより集計単位を自社経営単位に対応させるなど、自社の実態に対応させる。このように改善を施していくことによって、項目別・活動別による PDCA 管理が実現し、財務パフォーマンス・環境パ

フォーマンス指標による評価が可能となる。

　最後の第3ステップでは、自社目的に適合した独自の環境会計を構築する。これにより、環境経営における指標の利用可能性が高まり、経営の意思決定情報としての有効活用が具現化する。このようにステップアップするにしたがって、より高度な環境会計の段階を踏むようになる。当初は環境省の環境会計ガイドラインに則り、横並び意識で形式的に環境会計を導入していた企業も多いが、その必要性・有用性を認識することによって、自社の経営に活用できるものに改善していこうとする努力と開発が求められる。

2．環境会計の展開

　企業は環境マネジメントシステムを構築し、その国際規格であるISO14001認証を取得し、さらにそれらを定量化して会計数値として公表する環境会計の導入を進めてきた。しかし1999年の環境省「環境会計ガイドライン」の公表以来、横並び意識で環境会計を導入・公表してきた企業も多く、環境会計を活用し、環境対策の体系的な整備や環境負荷の効果的な低減に結びつけている企業は限られている。なぜ現状の環境会計は形骸化し、効果的な環境対策活動に結びついていかないのか。その理由は、環境会計はコストを事後的に集計するもので、それを外部に公表することによって目的が達せられたと考える企業が多いからである。コストを事後的に集計し外部報告することに重点が置かれ、環境マネジメントを実践するためのガイドとしての機能が十分に生かされていない。環境会計が日常的・継続的な環境保全対策の立案や諸活動の実践に結びつかず、次年度の支出計画や予算に活用されていない。

　しかし企業は、限られたコストで環境保全活動を推進していくことが求められ、その際、環境会計によるコストの把握が重要な意味を持ってくる。本

来環境会計は環境マネジメントシステムの成果を表し、それを次年度の行動計画、ならびに予算につなげていくべきものである。つまり、環境対策活動の結果の実績値とも言える環境会計を活用して、どのようなコストがどこで発生しているのかを正確に把握し、その費用対効果を分析し、次年度の行動計画や目標値・予算の設定につなげていく。このように環境会計の有用性を高め、真に環境経営に役立つものとして進化させていくための課題として、次の二点が挙げられる。

　一点目は、現在環境会計で用いられている物量数値の金額ベースによる測定可能性である。環境保全効果は金額換算するとかえってその正確性が損なわれるため、物量情報として示される。実際、物量数値を金額ベースで測定する段階で、価値判断が介入する余地が大きい。現在物量情報を金額ベースで測定する試みを行い公表している企業もあるが、各主体ごとに独自の算定手法を用いており、統一した測定方法は存在しない。しかし近年サステナビリティ報告では非財務情報を主要業績指標（KPI）として示すことが推奨され、また統合報告では財務情報と非財務情報を同一の報告書の中で関連づけて開示するので、このような方術を取り入れることによって、環境会計における貨幣情報と物量情報との連関についての理解可能性が高まると考えられる。

　二点目は、環境会計の信頼性の確保である。現在環境会計は、環境省の環境会計ガイドラインに則って作成している企業が多く、財務会計のような会計基準というものは存在しない。したがって企業独自のルールや測定基準に従って数値の定量化を行い、開示方針を決めている。しかし今後さらに環境会計の正確性を高め、信頼性を確保していくためには、環境会計に記載されている原始資料の透明化、算出された数値の計算根拠の明確化、計算方法の妥当性や算出結果の正確性が追求される。さらに第三者審査による検証を得ることによって、環境会計の信頼性が高まる。

　これらの要点に関しては形式的な解決ではなく、現在開発が推進されているサステナビリティ会計基準に則り、財務情報と非財務情報を統合し、環境会計が企業の経営度合いをより明確に示すものとして進化して有用性を高めていくことが期待される。

　これまで公害問題は法規制等によりある程度収束されたが、その後地球環境問題、生物多様性問題、宇宙環境問題が起こってきた。遙か将来の世代に思いを巡らせたとき、今後どのような新たな環境問題が起こってくるかは未知であるが、持続可能な開発という基本概念を堅持して問題解決を図っていくことが求められている。その手段として、会計的アプローチの重要性は高い。環境問題は国際社会が団結して取り組んでいかなければならない重大な問題である。それに対する企業の環境活動および環境会計情報は、社会にとって重要な意義を持つ。社会にとって必要な情報は、明瞭かつ適切に開示していく必要がある。今後も環境問題に対する会計的役割を最大限に発揮していくために、環境会計のさらなる進化、開発を追及していきたい。

第Ⅱ部 環境会計各論

第 3 章　生物多様性の会計

　本章では、企業活動（図表序-１、A）による環境負荷の結果として顕在
化した環境問題（図表序-１、B）のうち、生物多様性問題に焦点を当て次
のように展開していく。まず第１節で生物多様性問題の本質を認知したうえ
で、第２節で生物多様性問題に対する国際的取り組みの経緯と現状をたど
り、第３節で生物多様性問題に対する日本の取り組みとして、生物多様性国
家戦略を追う。第４節で生物多様性に対する企業の取り組みを産業別に調
査・分析・考察し、それらを踏まえて、第５節で生物多様性問題に対する情
報開示とその経済的情報に関して会計的立場から検討する。環境会計、環境
財務会計、統合報告、それぞれの分野からの分析・考察を行い、最後に第６
節で生物多様性問題に対する会計的課題と今後の展開に言及する。

第１節　生物多様性の本質

　自然は生物の相互依存で成り立っており、生物の生命は、生態系、種、遺
伝子のそれぞれの多様性により維持されている。これらの生物多様性が豊か
なほど生態系は安定する。「生物多様性に関する条約（Convention on
Biological Diversity: CBD）」[1]　（通称、生物多様性条約）〔本章第２節１項
（３）で詳述〕の前文では、生物多様性を「全ての生物（陸上生態系、海洋
その他の水界生態系、これらが複合した生態系その他生息または生育の場の
如何を問わない）間の変異性」[2] と定義し、生態系、種間（種）、種内（遺
伝子）という三つのレベルの多様性があるとする。つまり地域固有の自然が

---

1)　1992 年にリオ・デ・ジャネイロ（ブラジル）で開催された環境と開発に関する国際連
　　合会議（地球サミット）で採択され、翌 1993 年に発効された。日本は 1992 年に署名、
　　翌年加盟（受諾）。条約事務局はカナダのモントリオールにある。
2)　邦訳平成 5 年条約第 9 号。

あり、それぞれに特有の生物がいて、それぞれがつながっている。

1．生物多様性問題の発生過程

　地球は 46 億年前に誕生し、その約 10 億年後に生命が誕生した。この 46 億年の地球の歴史の中で、これまで 5 回の「大絶滅」があり（第一：オルドビス期、第二：デボン期、第三：二畳期、第四：三畳期、第五：白亜期）、気候変動や天変地異などにより生物の大部分の絶滅が起こってきた。特に二畳期（2 億 5000 万年前）には 90% の生物が消滅し、白亜期（6500 万年前）には恐竜など 75% の生物が消滅した。

　現在地球上に住む生物は、動植物 35 万種、昆虫 800 万種、微生物を含めると 1400 万種といわれるが、未知の生物を含めると数千万種から 1 億種とも推計される[3]。しかし現在、「第六の大量絶滅時代」と言われるほど多数の生物種が急速に絶滅している。熱帯雨林、マングローブ林、サンゴ礁等の生態系の破壊により、毎年 5 万種以上（毎日 100〜300 種）の生物が絶滅しており、人類の生存を脅かす水準に至っている。国際自然保護連合（IUCN）[4] の調査によると、哺乳類の 4 分の 1、両生類の 3 分の 1、鳥類の 9 分の 1 など、全生物の 25% が絶滅の危機に瀕しており、現在の絶滅は過去の「大絶滅」よりも急激かつ大規模で、絶滅の速度は過去の絶滅の数万倍といわれる。

---

3)　知恵蔵「生物多様性」の解説より。

4)　国際自然保護連合（International Union for Conservation of Nature and Natural Resources: IUCN）は 1948 年に創設された国際的な自然保護団体で、国家、政府機関、NGO などを会員とする。本部はスイスのグランにある。日本は 1978 年に環境庁（当時）が日本の政府機関として初めて加盟し、1995 年に国家会員として加盟した。また、日本国内の 18 団体（NGO など）が加盟している。1993 年には旭硝子財団よりブループラネット賞が贈られた。

　19 世紀までの絶滅は、食糧や毛皮、羽毛などを目的とする乱獲により、リョウコウバトやトキのように特定種の生物が絶滅してきた。しかし現在の絶滅は、森林伐採や山の切り崩し、河川の汚染、湖沼や河川の埋め立て、河川や海岸の護岸工事、ゴルフ場・リゾート・コンビナートなどの乱開発、農薬による環境汚染等、人類の活動による生態系の根本破壊が原因と考えられる。人為的原因による種の絶滅速度は、自然の絶滅速度の 1000 倍と推定されている。産業革命以降、企業活動による環境負荷が、地球が本来持っている自然回復力・汚染浄化能力を超越するまで累積し、地球温暖化、化学物質、土壌汚染など様々な環境問題として顕在化してきた。生物多様性問題は、人間の活動により起こってきた全ての環境問題に基づく応用問題といえる。

2．生物多様性問題の現状

　生物多様性には、生態系、種、遺伝子の三つの多様性がある。「生態系の多様性」とは、森林や里山、河川、湿原、干潟、サンゴ礁、乾燥地などの環境に適応した種や個体からなる特有の生態系である。「種の多様性」とは、地球上に住む動物種や、細菌等の微生物など多様な生物であり、生物学者によって約 200 万種に名前がつけられている。「遺伝子の多様性」とは、同じ種の中でも微妙に異なる遺伝子であり、その結果、乾燥や暑さに強い、病気になり難いといった個性を持つ個体が生まれ、種を維持できる。これら三つの多様性により生命は維持されており、生物多様性の破壊に歯止めをかけなければならない。

（1）生態系の多様性
　生態系の多様性は、地球上ないしは特定の地域に、多様な自然―森林、湿

原、干潟、サンゴ礁、大小の河川など―があることで、特に熱帯雨林、マングローブ林、サンゴ礁には豊かな生物多様性が存在している。しかしこれらは現在人類の活動により危機的状況にある。

① **熱帯雨林の減少**

　世界の森林面積は 2020 年現在約 40 億ヘクタール余りで、地球の表面積の約 1 割、陸地面積の約 3 割を占めている。しかし人類が出現した約 150 万年前には、全陸地の半分に当たる 60 億ヘクタール以上が森林であったと推定される。主要な生態系の一つである森林地帯は約 40% 減少しているのである。世界の森林面積のうち、1990 年代に純消失面積が大きかった国はブラジルおよびインドネシアであるが、両国では 2000 年以降消失率が低下している。一方オーストラリアでは厳しい干ばつや森林火災によって森林消失が加速し、北米および中米では、2000 年から 2010 年においてほぼ変化はない。森林減少の要因としては、プランテーションの開発等農地への転用、非伝統的な焼畑農業の増加、燃料用木材の過剰な採取、森林火災、違法伐採等が指摘されている。

　森林減少の中でも、特に熱帯雨林の減少が高率で推移している。熱帯雨林は、これまで多大な役割を果たしてきた。太陽からの純放射エネルギーを年間 1 c㎡当たり 100kcal 以上受け取り、年間数千ミリの降雨に恵まれ、これらのエネルギーと水により多量の有機物を合成している。そして樹高 70 メートルを超す大樹が育ち、地上部と地下部には 1 ヘクタール当たり 450 トンもの幹、枝、葉、果実、根を蓄えている。熱帯雨林は地上で最も高能率かつ高収量で有機物を生産し、また最も多量の酸素を放出している。実際、南米のアマゾン流域だけで、地上の全生物が必要な酸素の 4 分の 1 を賄っている。これらが脊椎動物のサルやオラウータン、原生動物、カビ、バクテリアなど多様な生命を支え、食物連鎖で連なる生態系のエネルギーとなっている。さ

らに雨を貯え、土を流亡から守り、気象を和らげ、そして再び雨を降らせるという機能を持つ。このように多様な陸域生態系を成し、豊富な生物種を有する熱帯雨林の破壊は深刻である。

1970年代後半、熱帯雨林は約16億ヘクタール残っていたが[5]、人類による山の切り崩しや森林伐採、無計画な大規模焼畑により、現在では約半分に減少している。南米アマゾン流域、東南アジア地域における大がかりな焼畑は、かつての伝統的な焼畑と違って、大規模な熱帯林の樹木の焼失、土の砂漠化、土の流亡を招き、荒廃をもたらす。世界銀行の報告では、これらの地域では自然淘汰の一万倍の速度で動植物の絶滅が進行しており、このままでは30年以内に熱帯の植物や鳥類の25%が絶滅するとされる。現在半分まで減少してしまっている熱帯雨林をどれだけ持続可能なものとしていけるかが、人類の存続および地球の前途に大きな影響を及ぼす。熱帯雨林の減少による生物多様性の破壊に対し、人類の英知が厳しく問いかけられている。

このような状況に対して、近年熱帯雨林保全への対応が国際的に進められている。生物多様性保全に重要な機能を持つ森林として指定された森林面積は、1990年以降で9500万ヘクタール以上増加し、そのうち46%は2000年から2005年に指定されたものである。現在、こうした指定森林総面積は4億6000万ヘクタール以上に達し、世界全体の森林面積の12%を占める。これらの森林が求められている最も重要な機能は、生物多様性の保全、土壌・水資源の保護や文化遺産の保護である。

②　マングローブ林の減少

マングローブとは、熱帯や亜熱帯の沿岸域にみられる森林生態系のことで、この沿岸域は上流からの淡水と海からの海水が混ざり合い、潮の干潟あ

---

5)　松尾・奥薗［1990］p. 19。

るいは大雨などによって、湛水の深さが常に変化すると同時に塩分量が常に変化している。日々繰り返される潮汐変動によって土壌有機物が頻繁に海域に流出するため、土壌中の窒素含有量が少ないという特徴がある。植物にとって窒素は生育するための必須元素の一つであり、窒素がなければ生育できないが、マングローブ植林はこのような窒素の少ない場所でも旺盛に生育し、広大な森林を形成している。これはマングローブ林の中では窒素固定菌と呼ばれる微生物が、大気中の窒素分子をアンモニア態の窒素へと変換し、マングローブ植物の窒素源となっているからである。そして大量の葉や枝、果実などの有機物が生産され、森林にすむ生物のエネルギー源となっている。この珍しい植物群落をマングローブ林と呼び、現在地球上には、日本の全耕地面積の３倍に当たる 1600 万ヘクタールのマングローブ林がある[6]。

　マングローブ林から供給される有機物は近海に生息する魚介類の貴重な栄養源ともなっている。マングローブ林に張りめぐらされた呼吸根や支柱根は多くの稚魚の成育空間を提供するとともに、そこにはマングローブを中心とした食物連鎖が成り立っており、森林には哺乳類、鳥類、爬虫類、両生類、水中にはエビ、カニ、貝など多様な生物が生息している。引潮時にはカニ等の甲殻類が現れ、干潟の近くではシオマネキ類やミナミコメツキガニなどが出現する。満潮時には多数の海水魚が集まってくる。呼吸根が複雑に入り組んだマングローブ林は小魚にとって身を潜めるのに都合がよく、アイゴ類やハゼ類など多種の小魚が集まり、さらにそれらを捕食するフエダイ類やオオウナギなどの大型魚も集まる。このようにマングローブ林は特有の生態系を形成し、「命のゆりかご」とも呼ばれ地球を守ってきた。

　またマングローブ林が生息する熱帯や亜熱帯の沿岸域は世界で最も人口過密な地域の一つであり、マングローブ林は近隣に住む人びとと密接に関わり

6)　国立研究開発法人国立環境研究所 https://www.nies.go.jp/kenkyusaizensen/200912.html（2023/06/22 閲覧）。

ながら共生してきた。原住民はその木を切って燃料に使用したり、その周りでエビや小魚を採って食糧としたりした。このようにマングローブ林から収穫される材木や魚介類は、マングローブ域にすむ人々の生活の糧となり、マングローブ林河口の泥土上の生態系で共存生活をしていた。

　しかしこの半世紀において世界中のマングローブ林が減少し、マングローブ域の共生関係のバランスが崩れている。国立環境研究所では、2006年度からメコン川[7]流域を対象とした環境影響評価研究を推進しているが、この中で緊急課題として着目しているのが、メコンデルタのマングローブ生態系である。そこは他の地域のマングローブ生態系と同様、近年急激な変貌が認知されており、その最大の要因がエビ養殖池への転換である。現在、世界で消費されるエビの大部分が東南アジアのマングローブ域で生産されており、無数の養殖池が海岸線ぎりぎりまでひしめき合っている。マングローブ林は減少し、わずかに残された海岸線を薄く縁取っている。メコンデルタでは直近50年間に約80%のマングローブ林が消失したと推定される。また残されたマングローブ林も、エビ養殖池の水路によって細分され大きく変貌している。

　マングローブ植物は本来大気中の窒素を利用していたが、都市やエビ養殖池が背後に迫っているメコンデルタのマングローブ林では人工由来の窒素を利用するようにシフトしており、元来育んできたマングローブの生態系を破壊している。こうしたマングローブ林の消失は、そこで生産されている有機物に依存する多様な生物の消失につながる。メコンデルタでも、マングロー

---

7)　チベット高原に源流を発し、中国の雲南省を通り、ミャンマー・ラオス国境、タイ・ラオス国境、カンボジア・ベトナムを通り南シナ海に抜ける。典型的な国際河川の一つで、数多くの支流がある。雨期には流量が増して流れが速く、乾期には流量は減るが浅瀬が増えるため船舶の運航が難しい。タイ・ラオス・ミャンマー・カンボジア・ベトナムの本流・支流周辺では、日用品の取引などの小規模な貿易が行われている。

ブ林の絶対的面積の減少によって魚介類の産卵場所や生育地が消失し、また残された森林の質的な変化にも懸念が持たれている。

③　サンゴ礁の破壊

　海洋の生態系においても、魚種のうち約半数はもはや漁獲量が増加する見込みはなく、さらに4分の1は乱獲されて著しく消耗している。こうした海洋の生物多様性保全上、特に重要な生態系がサンゴ礁である。サンゴ礁は、造礁サンゴ（以下、サンゴ）をはじめとする造礁生物の炭酸カルシウムの骨格や殻から成り、熱帯と亜熱帯の浅海を代表する地層であり、生物多様性が極めて豊かである。サンゴ礁は、熱帯林と並んで、単位面積当たりの生物多様性が地球上で最も高い場所と言われる。世界のサンゴ礁の総面積は地球表面のわずか0.1％に過ぎないが、確認されている生物種は9万種をこえている[8]。

　サンゴは刺胞動物門の動物で、石灰質の骨格を形成して海底に棲み、細胞内に単細胞生物である渦鞭毛藻綱の褐虫藻を共生させている。サンゴは動物なので餌が必要であるが、褐虫藻が光を利用して光合成を行い、その光合成産物を利用できるため植物的性質を持つ。褐虫藻の光合成産物は褐虫藻とサンゴが必要とする以上に生産され、その20〜50％がサンゴの体外に粘液等として放出され他の生物によって利用される。このため褐虫藻は、サンゴ礁生態系における主要な一次生産者と考えられる。また枝状やテーブル状のサンゴが提供する複雑な立体構造に他の生物が棲み、サンゴの骨格中にも穴を穿る生物が棲み込む。サンゴ礁地形が形成されることにより、波の強い外海と白波が砕ける砕波帯や、その内側の波の穏やかな海域というように、細分化した様々な環境に多様な生物群集が生息する。このようにサンゴ礁では、

図表3-1　サンゴ礁の種類

裾礁（きょしょう）	海岸に接して発達したサンゴ礁。浅い礁池をもつことが多く、日本のサンゴ礁は大部分がこのタイプ
堡礁（ほしょう）	陸地とサンゴ礁の間の深さ数十メートルの浅い海（礁湖：ラグーン）を挟んだ沖合に発達したサンゴ礁
環礁（かんしょう）	大洋にリング状に発達し、内部に深い礁湖があるサンゴ礁

出所：水産庁 http://www.jfa.maff.go.jp/j/kikaku/tamenteki/kaisetu/moba/sango_genjou/index.html（2022/09/03 閲覧）。

　サンゴによって他の生物に食と住が提供され、豊かな生物多様性が成り立っている。

　しかしサンゴは環境変化に対して脆弱である。サンゴに重大な影響を及ぼす人為的な環境変化は、その空間的な広がりから地域規模と地球規模に大別されるが、世界のサンゴ礁の 58% が潜在的に人間の活動（沿岸開発、生物資源の乱獲、海洋汚染、森林伐採や農地開発に起因する表土の流出など）によって脅かされている。また温暖化等による大規模な白化現象や、海洋酸性化、台風によるサンゴ礁の破壊、食害動物による被害などもサンゴを死滅させる原因となっている。

　サンゴは熱帯・亜熱帯の暖かい海を代表する生物であるが、高水温に極めて弱い。サンゴが生息する各地域の年間の最高水温は、そこに分布しているサンゴが健全に成育できる水温の上限に近く、最高水温より 2℃以上高い状態が数週間続くとサンゴは褐虫藻を失い白化する。1997 年から 98 年にかけて、世界のサンゴ礁生態系の多くで海水温が最高水温を 2℃以上超える期間が続き、大規模なサンゴの白化が起きた。サンゴの色は褐虫藻の褐色とサンゴが作る蛍光物質が重なって生み出されているが、サンゴが褐虫藻を失うと、サンゴが生きていても白い骨格が透けて見え白色となる。白化した状態が 1 カ月以上続くと死亡するサンゴが増加する。1999 年以降、世界中でサンゴの白化が確認されており、地球温暖化の影響が懸念されている。今後温

暖化がさらに進行すれば、サンゴが高水温によって著しい影響を受けること
は明らかである。

　さらに近年、大気中の CO_2 濃度の増加による海洋酸性化も、サンゴを含
む造礁生物に負の影響を及ぼす可能性が明らかにされた。炭酸カルシウムは
酸性の海水に溶けやすい。2008 年にオーストラリアで発表されたサンゴを
対象とした水槽実験では、海水が酸性化すると、サンゴは通常白化が起こる
水温よりも低い水温で白化することが示された。この研究は、今後進行が予
測される海洋酸性化も、サンゴにとって脅威となる可能性があることを示唆
している。

　サンゴ礁とは、サンゴを中心とした生物が長期間作り上げてきた地形であ
り、サンゴ礁周辺では昔から漁業が営まれ、人類の生活と深い関わりが育ま
れてきた。海洋の生物多様性保全ならびに人類の存続において、サンゴ礁の
保全が強く求められる。

（2）種の多様性

　種の多様性とは、地球上あるいは特定の地域に様々な種類の生物が生息・
生育している状態のことである。バイソンは 19 世紀初めに 6000 万頭いたと
推定されるが、狩猟により 100 年足らずで 1000 万頭（ 6 万分の 1 ）にまで
激減した。またリョコウバトは、19 世紀初めに 50 億羽いたと推定される
が、乱獲により 20 世紀初めに最後の 1 羽が死亡して絶滅した。カナダの
ニューファウンドランド島東海岸沖に生息するタラの仲間のタイセイヨウダ
ラ個体群は、人間による漁獲の影響で 1992 年に急激に減少した（図表 3 - 2
参照）。

　日本では絶滅のおそれのある野生生物を保護するため、平成 5 年に「絶滅
のおそれのある野生生物の種の保存に関する法律」（以下「種の保存法」）が
施行された。「種の保存法」第 1 条では、「この法律は、野生動植物が、生態

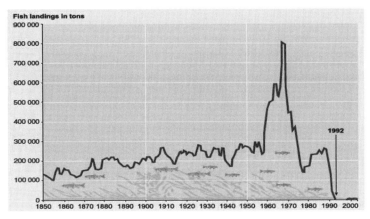

**図表 3 - 2　ニューファウンドランド島東海岸沖に生息するタイセイヨ
　　　　　　ウダラ個体群の、1992 年の崩壊**

出所：Millennium Ecosystem Assessment［2010］p.19.

系の重要な構成要素であるだけでなく、自然環境の重要な一部として人類の
豊かな生活に欠かすことのできないものであることに鑑み、絶滅のおそれの
ある野生動植物の種の保存を図ることにより良好な自然環境を保全し、もっ
て現在及び将来の国民の健康で文化的な生活の確保に寄与することを目的と
する」と明記している。この目的に基づき、環境省では絶滅のおそれのある
種を的確に把握し一般への理解を広めるため、レッドリスト（日本の絶滅の
おそれのある野生生物の種のリスト）（図表 3 - 3 参照）を作成・公表すると
ともに、これを基にしたレッドデータブック（日本の絶滅のおそれのある野
生生物の種についてそれらの生息状況等を取りまとめたもの）を刊行してい
る。　レッドリストおよびレッドデータブックは、専門家による科学的およ
び客観的な評価をとりまとめた基礎的資料であり、動物の分類群は、①哺乳
類　②鳥類　③爬虫類　④両生類　⑤汽水・淡水魚類　⑥昆虫類　⑦貝類
⑧その他無脊椎動物（クモ形類、甲殻類等）、植物の分類群では、⑨植物Ⅰ
（維管束植物）、⑩植物Ⅱ（維管束植物以外：蘚苔類、藻類、地衣類、菌類）、

図表3-3　レッドリストのカテゴリー（ランク）

絶滅（EX）	日本ではすでに絶滅したと考えられる種
野生絶滅（EW）	飼育・栽培下あるいは自然分布域の明らかに外側で野生化した状態でのみ存続している種
絶滅危惧Ⅰ類（CR＋EN）	絶滅の危機に瀕している種
絶滅危惧ⅠA類（CR）	ごく近い将来における野生での絶滅の危険性が極めて高いもの
絶滅危惧ⅠB類（EN）	IA類ほどではないが、近い将来における野生での絶滅の危険が高いもの
絶滅危惧Ⅱ類（VU）	絶滅の危険が増大している種
準絶滅危惧（NT）	現時点での絶滅危険度は小さいが、生息条件の変化によっては「絶滅危惧」に移行する可能性のある種
情報不足（DD）	評価するだけの情報が不足している種
絶滅のおそれのある地域個体群（LP）	地域的に孤立している個体群で、絶滅のおそれが高いもの

※太枠内が絶滅のおそれのある種（絶滅危惧種）

出所：環境省生物多様性情報システム http://www.biodic.go.jp/rdb/rdb_top.html（2022/09/03閲覧）。

という計10分類群について作成している[9]。捕獲規制等の直接的な法的効果を伴うものでないが、社会への警鐘として広く情報を提供することにより、多様な場面で活用が図られている。

　日本では、ニホンオオカミ、トキ、オガサワラカラスバトなど、脊椎動物だけで少なくとも21種類の野生生物が絶滅してきた〔図表3-3、絶滅（EX）および野生絶滅（EW）〕。また、環境省レッドリストでは、日本に生息・生育する爬虫類、両生類、汽水・淡水魚類の3割強、哺乳類、維管束植物の2割強、鳥類の1割強に当たる種を絶滅のおそれのある種と分類している。

---

9)　環境省生物多様性情報システム http://www.biodic.go.jp/rdb/rdb_top.html（2018/06/03閲覧）。

① トキ「野生絶滅（EW）」

　トキは「種の法則」に基づく国内希少野生動物種とされ、特に「野生絶滅（EW）」とされている。「野生絶滅（EW）」とは、「飼育、栽培下あるいは自然分布域の明らかに外側で野生化した状態でのみ存続している種」である。

　保全の視点から、トキの歴史を追う。人間と関わる前の自然な進化において誕生したトキの生息環境は原生環境であり、その時代のトキは「原生トキ」である（図表3-4、A）。やがて人間の生活空間が広がり、トキが人間と接触するようになり、捕獲され食用に供されるようになったが、これによって種の持続可能性が危機的な状況になることはなく、トキにとって原生時代と同じ野生時代であった（図表3-4、B）。その後人間が農耕生活を営むようになり、それまでのトキの生息地は破壊されて水田とその周辺地となった。野生環境を失ったトキにとって農耕環境は代替環境として生息できるものではあったが、水田稲作中心の農耕環境は人間によって維持管理されているものであり、野生環境とは異なる（図表3-4、C）。その後人間による大規模開発時代となり、トキの生活環境が汚染・破壊されて絶滅の危機に遭遇し、人間によって保護を受ける家畜（飼育）トキとなった（図表3-4、D）。しかし檻の中で生活していたトキも姿を消し、絶滅時代となった（図表3-4、E）。

　こうしてトキは野生絶滅（EW）となり、トキ保全活動が行われるようになった。しかし保全活動はいつの時代に戻すことを目指しているのか。トキに限らず生物種の生存は、生物を主体とした生態系の中で成り立っている。環境が異なれば生態系も異なり、主体の生存の仕方も異なる。野生トキへの回帰は野生環境の再現を不可欠とし、それは人間生活以前の生態系に回帰することとなる。しかし人間による地形変更、植生破壊等、様々な作用により遷移進行してきた以前の生態系を復元することは、人間の環境に負の作用を及ぼすことになり不可能である。一度絶滅した種の復元は、一つの種にとど

図表3-4　トキの歴史

トキの時代区分	人間生活の区分
A　野生時代1	人間以前（原生時代）
B　野生時代2	採集狩猟時代（農耕以前）
C　里時代	農耕時代
D　檻時代	大規模開発時代
E　絶滅時代	大規模開発時代

出所：岩田［2009］p.3。

まらず生態系全体の生物多様性の問題である。

②　ヤンバルクイナ「絶滅危惧ⅠA類（CR）」

　ヤンバルクイナ（学名：Gallirallus okinawae または Hypotaenidia okinawae）は、世界中で沖縄県北部のやんばる地域だけに生息している日本で唯一の飛べない鳥である。

　琉球列島は熱帯と温帯をつなぐ亜熱帯（北緯／南緯20〜30度）に属する島々で、この亜熱帯海洋性気候の沖縄島は夏は蒸し暑く晴れた日が多く、冬は時折小雨を交えた曇りがちの日が多い。亜熱帯に森が発達しているのは、年間を通して暖かく、季節風や海流（暖かい黒潮）の影響で雨が多いためである。沖縄島北部のやんばる地域は北緯27度付近に位置し、那覇などの沖縄島南部に比べて降水量が多い。森林地帯では更に降水量が多く、沖縄島最高峰の与那覇岳では年3000ミリメートル以上の降雨がある。「やんばる」は沖縄島北部一帯を指す言葉で、亜熱帯の豊かな森が広がる地域という意味であるが、「やんばる」と呼べる範囲はしだいに狭まり、現在では名護市以北となっている。その中でも特にヤンバルクイナをはじめとする固有種が多く生息・生育し、健全な状態の森が残る沖縄島北部の3村（国頭村、大宜味村、東村）を中心とした地域を「やんばる地域」とみなしている。このよう

な南北約32キロメートル、東西約12キロメートルという狭い範囲のやんばる地域には、多くの固有種を含む生物が生息している。

　やんばる地域だけに生息するヤンバルクイナは、学術的な発見としては1981年に新種として記載されたが、地元ではアガチー、ヤマドゥイなどと呼ばれその存在が知られていた。その後1982年に国の天然記念物に指定されたが、ハブ退治のために輸入されたマングースに捕食されるなどして減少した。1985年には推定1800羽生息していたが半数以下にまで減少し、1993年に「種の保存法」に基づき国内希少野生動植物種に指定された。2006年には環境省レッドリスト（図表3-3）で最も絶滅のおそれの高い絶滅危惧ⅠA類に分類された。

　ヤンバルクイナの生存を脅かすものとしては、1.マングース、ノネコ・ノイヌによる捕食、2.交通事故などのロードキル、3.林道建設や森林伐採などによる生息地の減少や分断、が挙げられる。環境省ではヤンバルクイナ保護増殖事業計画（2004年策定）に基づき、ヤンバルクイナ飼育・繁殖施設の整備を行った。2000年度からわなや探索犬によるマングース捕獲を開始し、2012年度の推定個体数は1500羽まで回復した。しかし生息数の回復とともにヤンバルクイナが森から集落近くや道路脇に現れるようになり、交通事故が年々増加して2012年には過去最悪の47件となった。交通事故の対策として、目撃情報の多い場所に注意喚起の看板を設置したり、道路を安全に渡れるよう車道の下に専用の通り道を設置したりしている。

図表3-5　ヤンバルクイナの発見から絶滅危惧種の分類までの過程

1981年	新種として記載
1982年	国の天然記念物に指定
1993年	「種の保存法」に基づき国内希少野生動植物種に指定
2006年	環境省レッドリストで絶滅危惧ⅠA類に掲載

やんばる地域にはヤンバルクイナ以外にも、キツツキのノグチゲラや、日本最大の甲虫ヤンバルテナガコガネといった固有種が生息しており、多くの固有種・希少種を含む多様な動植物の生息地になっている。この地域と奄美大島（鹿児島県）を含めた「奄美大島、徳之島、沖縄島北部及び西表島」は、2021 年に世界自然遺産に登録された。

（3）遺伝子の多様性

遺伝子の多様性とは、同じ生物種内における遺伝子による違いであり、次のような例が挙げられる。

・ゲンジボタルの発光周期が中部山岳地帯の西側と東側で異なる。

・日本国内のメダカは、遺伝的に北日本集団と南日本集団の 2 つに分けられ、後者はさらに 9 地域型に細分される。

このような遺伝的な変異は数万年から数百万年かけて形成されてきたものであり、ある生物種における遺伝子の多様性が高ければ、環境の変化に対して存続する可能性が高くなる。反対に遺伝子の多様性の減少は、病気の蔓延などの環境変化に対応する能力を減少させる。生物は相互依存によって生存しており、遺伝子の多様性の減少が種の絶滅に影響し、種の絶滅はその場の生態系の崩壊につながる。遺伝子の多様性の減少に基づく一種の生物の絶滅が引き金となり、ドミノ倒しのように人類を含めた生物の絶滅につながる可能性がある。

3．生物多様性の経済価値

国際連合環境計画（UNEP）は生物多様性を経済的な視点から捉え、2010 年「生態系と生物多様の経済学（TEEB）」[10] による報告書 *Mainstreaming the Economics of Nature: A Synthesis of the Approach, Conclusions and Re-*

commendations of TEEB をまとめた。当報告書では、熱帯林や湿地などの破壊により、農作物の減少、水の浄化作用の低下、炭素の貯留減少、医薬品などの原材料となる遺伝資源の減少などを引き起こし、全世界で年間2兆から4兆5000億ドルの経済損失が続いていると指摘している。最大見積りで世界の国内総生産（GDP）の約8％に相当する規模が失われている。

　図表3-6は生態系と生物多様性の具体的な経済価値を示したものである。熱帯雨林は1ヘクタール当たり平均6120ドルの経済価値があり、その内訳は、①気候調節1965ドル、②水流の調節1360ドル、③遺伝資源483ドル、④材木431ドル……となっており、森林伐採によりこれらの価値が失われている。またサンゴ礁1ヘクタール当たり11万5704ドルの経済価値があり、その内訳は、①観光資源7万9099ドル、②津波などの影響緩和2万5200ドル、③魚の生息場所470ドル、④装飾品の原料264ドル…となっている。しかしサンゴ礁は過去20年間で3分の2に減少し、2070年には絶滅するといわれている。

　また同報告では、タイなどでマングローブ林を切り開いてエビの養殖をした場合の経済価値も検証している。エビの養殖から得られる利益は政府補助金を除くと1ヘクタール当たり1220ドルに対し、自然のままのマングローブ林の持つ価値は1ヘクタール当たり10821ドルと算出される。さらに伐採したマングローブ林を回復させるには、1ヘクタール当たり9318ドルかかる。費用対効果の観点から考えても、マングローブを保全することが有効だという結論に至る。

　今後、世界の人口増加や経済成長を背景に、生物多様性問題が一層深刻化する可能性がある。人類は生物多様性に関して科学的知見を集積し続けてい

10）　第1章注記2）参照。

図表3-6　熱帯雨林とサンゴ礁の経済価値

（1ヘクタール当たりの価値、単位：ドル）

熱帯雨林	経済価値	サンゴ礁	経済価値
食料	75	魚の生息場所	470
水	143	装飾品の原料	264
材木	431	津波などの影響緩和	25,200
遺伝資源	483	観光資源	79,099
気候調節	1,965	その他	10,671
水流の調節	1,360		
観光など	381		
その他	1,282		
合　計	6,120	合　計	115,704

出所：TEEB［2010］（地球環境戦略研究機関［2010］）に基づき作成。

るが、生物多様性問題は複雑な要因が絡み合い、いまだ人類の英知の及ばない部分が多い。現在実際に起こっている生物多様性問題が臨界値を超えた時、生物多様性に基づく健全な物質循環が不可逆的に崩壊するおそれがあるが、その崩壊が起こる臨界値がどこであるのかさえわからない。人類は生物多様性を構成する生物種の一つでありながら、人類が引き起した多様な環境問題により、その悪化をもたらしたことは明確である。これにより人類自体が衰退する可能性がある。こうした現状に対し、1999年に国連環境計画（UNEP）では「生物多様性を保つことはすでに手遅れ」、2003年に米ワールドウォッチ研究所では「現在は大量絶滅時代に突入」と報告している。

　しかしミレニアム生態系評価［2005］[11]では、2050年の将来像のシナリオを、生態系管理のアプローチやグローバル化の進行の違いにより複数示し、予防的な取り組みや順応的管理の実施、社会的経済的格差の是正を行っ

---

11)　第1章注記1)参照。

ていくことにより、地球全体の生態系の劣化を回復させることが可能である
としている。現在世代および将来世代が生物多様性を維持し、その恵みを享
受し続けるためには、生物多様性の保全と、生物多様性の持続可能な利用の
二つの対応が必要不可欠である。本節で論じてきたように、生物多様性の保
全とは、生態系の多様性、種間（種）の多様性、種内（遺伝子）の多様性と
いう三つのレベルの多様性を維持していくことである。さらに生物多様性の
持続可能な利用とは、生態系・種間（種）・種内（遺伝子）の違いとそれら
から得られる生物多様性の恵みを、将来にわたって減少をもたらさない方法
によって利用することである。

　生物多様性問題は地球環境問題に起因し、人類の持続可能性を長期的、俯
瞰的に展望するものである。私たちが対処すべき対象は、公害問題、地球環
境問題から生態系へと広がってきている。このような生物多様性問題を含め
た環境問題に対処し、持続可能な開発を基軸とした経済・環境・社会の枠組
構想が地球規模で模索されている。人類の存続、地球の存続に関わる生物多
様性問題は、一国、一セクターで対応可能なものではなく、地球全体による
国際的な取り組みが必要である。次節ではこのような生物多様性問題に対す
る国際的な取り組みおよび日本の取り組みを追う。

第2節　生物多様性に対する国際的取り組み

　前節でみてきたように、生物多様性問題は一国、一地域のみの取り組みで
は成果が期待できない。地球全体が一丸となって取り組むべきグローバル・
イシューであり、生物多様性保全に関する認知および取り組みの国際的な連
携を確保し、国際協力を円滑に実施していく必要がある。生物多様性問題に
関する国際的な調査研究、監視・観測における連携・協力の確保のために

図表3-7　生物多様性に関する主な国際条約

名　　称	採択年・場所	目　　的
ラムサール条約 「特に水鳥の生息地として国際的に重要な湿地に関する条約（The Convention on Wetlands of International Importance especially as Waterfowl Habitat）」	1971 年・ラムサール（イラン） 締約国：160 カ国（2012 年 3 月現在）	特に水鳥の生息地として国際的に重要な湿地及びそこに生息・生育する動植物の保全を促し、湿地の適正な利用（「賢明な利用（Wise Use）」）を進めること
ワシントン条約 「絶滅のおそれのある野生動植物の種の国際取引に関する条約（Convention on International Trade in Endangered Species of Wild Fauna and Flora：CITES）」	1973 年・ワシントン D.C.（アメリカ） 締約国：178 カ国（2013 年 5 月現在）	野生動植物の国際取引の規制を輸出国と輸入国とが協力して実施することにより、採取・捕獲を抑制して絶滅のおそれのある野生動植物の保護をはかること
生物多様性条約 「生物の多様性に関する条約（Convention on Biological Diversity：CBD）」	1992 年・ナイロビ（ケニア） 締約国：192 カ国（2012 年 2 月現在）	①生物多様性の保全 ②生物多様性の構成要素の持続可能な利用 ③遺伝資源の利用から生ずる利益の公正かつ衡平な配分

出所：外務省 http://www.mofa.go.jp/mofaj/gaiko/kankyo/index.html （2022/09/03 閲覧）を基に作成。

は、国際条約の締結・実施、国際的プログラムの推進が必要である。図表3-7に示すように、これまで生物多様性の保全、維持・管理に地球規模で取り組むための国際条約が締結されてきた。以下、生物多様性に関する各条約を概観したうえで、特に大きな役割を果たしている生物多様性条約に焦点を当て、その後の国際的動向および取り組みを考察する。

1．生物多様性に関する国際条約

（1）ラムサール条約

　湿原、沼沢地、干潟等の湿地は豊かな生物多様性を育んでおり、特に水鳥

の生息地として重要である。しかし湿地は干拓や埋め立て等の開発対象になりやすく、その破壊は生物多様性問題をもたらす可能性があるため、湿地保全の必要性が認識されるようになった。湿地には国境をまたぐものもあり、また水鳥の多くは国境に関係なく渡りをすることから、国際的な取り組みが求められる。そこで、特に水鳥の生息地として国際的に重要な湿地およびそこに生息・生育する動植物の保全を促し、湿地の「賢明な利用（Wise Use）」を進めることを目的として、1971 年 2 月にイランのラムサール（カスピ海沿岸の町）で開催された「湿地及び水鳥の保全のための国際会議」において、「特に水鳥の生息地として国際的に重要な湿地に関する条約（The Convention on Wetlands of International Importance especially as Waterfowl Habitat)」（通称ラムサール条約）が採択され、1975 年 12 月に発効された。ラムサール条約は、多国間環境条約の中でも先駆的な存在である。

（2）ワシントン条約

1972 年「国際連合人間環境会議」（図表 1 - 3 参照）において、「特定の種の野生動植物の輸出、輸入及び輸送に関する条約案を作成し、採択するために、適当な政府又は政府組織の主催による会議を出来るだけ速やかに召集する」ことが勧告された。これを受けて、米国政府および国際自然保護連合（IUCN）が中心となって野生動植物の国際取引の規制のための条約作成を進めた結果、1973 年 3 月にワシントン D.C. で「絶滅のおそれのある野生動植物の種の国際取引に関する条約（Convention on International Trade in Endangered Species of Wild Fauna and Flora: CITES)」（通称ワシントン条約）が採択された。本条約の目的は、野生動植物の国際取引の規制を、輸出国と輸入国とが協力して実施することにより、採取・捕獲を抑制して絶滅のおそれのある野生動植物の保護を図ることである。

（3）生物多様性条約

　近年、野生生物の種の絶滅が、かつてない速度で進行している。その背景には、1980年代の熱帯雨林の急激な減少、マングローブ林の減少、サンゴ礁の損傷等、生物の生息環境の悪化による生態系の破壊があり、種の絶滅の進行への危機感が深刻なものとなっている。このような状況の下、上述の既存の国際条約「ラムサール条約」「ワシントン条約」を補完し、生物多様性を包括的に保全し、生物資源の持続可能な利用を行うための国際的な枠組みを設ける必要性が国連等において議論されるようになった。そのような背景の下で制定された生物多様性条約の交渉経緯年表が図表3-8である。

図表3-8　生物多様性条約の交渉経緯年表

年	月	経　緯
1987年	6月	国連環境計画（UNEP）管理理事会が、生物多様性保全等について検討する専門家会合を設立
1988年	11月	第1回専門家会合［ナイロビ（ケニア）］
1990年	2月	第2回専門家会合［ジュネーブ（スイス）］
〃	7月	第3回専門家会合［ジュネーブ（スイス）］
〃	11月	第1回交渉会合［ナイロビ（ケニア）］
1991年	2〜3月	第2回交渉会合［ナイロビ（ケニア）］
〃	6〜7月	第3回交渉会合（第1回政府間交渉会議）［マドリード（スペイン）］
〃	9〜10月	第4回交渉会合（第2回政府間交渉会議）［ナイロビ（ケニア）］
〃	11〜12月	第5回交渉会合（第3回政府間交渉会議）［ジュネーブ（スイス）］
1992年	2月	第6回交渉会合（第4回政府間交渉会議）［ナイロビ（ケニア）］
〃	5月	最終交渉会合［ナイロビ（ケニア）］ 条約テキストを含むナイロビ・ファイナル・アクトを採択
〃	6月	環境と開発に関する国際連合会議（UNCED）［リオ・デ・ジャネイロ（ブラジル）］（リオサミット、地球サミット） 「環境と開発に関するリオデジャネイロ宣言（リオ宣言）」、「アジェンダ21」、「森林原則声明」、「気候変動枠組条約」 「生物多様性条約」署名開放、日本署名

1993 年	5 月	日本受諾
〃	12 月	発効
1994 年	11〜12 月	第 1 回締約国会議（COP1）［ナッソー（バハマ）］
1995 年	11 月	第 2 回締約国会議（COP2）［ジャカルタ（インドネシア）］
1996 年	11 月	第 3 回締約国会議（COP3）［ブエノスアイレス（アルゼンチン）］
1998 年	5 月	第 4 回締約国会議（COP4）［ブラチスラバ（スロヴァキア）］
1999 年	2 月	生物多様性条約特別締約国会議［カタルヘナ（コロンビア）］
2000 年	1 月	生物多様性条約特別締約国会議再開会合［モントリオール（カナダ）］
〃	5 月	第 5 回締約国会議（COP5）［ナイロビ（ケニア）］
2002 年	4 月	第 6 回締約国会議（COP6）［ハーグ（オランダ）］
2004 年	2 月	第 7 回締約国会議（COP7）［クアラルンプール（マレーシア）］
2006 年	3 月	第 8 回締約国会議（COP8）［クリチバ（ブラジル）］
2008 年	5 月	第 9 回締約国会議（COP9）［ボン（ドイツ）］
2010 年	10 月	第 10 回締約国会議（COP10）［名古屋（日本）］
2012 年	10 月	第 11 回締約国会議（COP11）［ハイデラバード（インド）］
2014 年	10 月	第 12 回締約国会議（COP12）［平昌（韓国）］
2016 年	12 月	第 13 回締約国会議（COP13）［カンクン（メキシコ）］
2018 年	11 月	第 14 回締約国会議（COP14）［シャルムエルシェイク（エジプト）］
2021 年 2022 年	10 月 12 月	第 15 回締約国会議（COP15）［昆明（中国）］オンライン方式 ［モントリオール（カナダ）］対面方式　開催地のみ変更

出所：外務省 http://www.mofa.go.jp/mofaj/gaiko/kankyo/jyoyaku/bio.html（2022/09/03 閲覧）を基に作成。

　生物多様性条約は、1987 年に国連環境計画（UNEP）管理理事会によって専門家会合が設立されて以来、継続して検討が行われてきた。また 1990 年 11 月以来 7 回にわたって政府間条約交渉会合が開催され、1992 年 5 月にナイロビ（ケニア）で開催された合意テキスト採択会議において「生物多様性に関する条約（Convention on Biological Diversity: CBD）」（通称生物多様性条約）がコンセンサスにより採択された。1992 年地球サミットにおいて国連環境計画（UNEP）とともに署名が開放され、日本も署名した（署名開放期間内に 168 カ国が署名）。1992 年地球サミットの条約としては、「気候

変動枠組条約」と「生物多様性条約」は双子の条約とも呼ばれ、双方とも今日に至るまで環境問題に対する国際的な取り組みに大きな役割を果たしている。

　日本は生物多様性以前の国際条約であるラムサール条約、ワシントン条約への加盟が遅れ、国際条約への実施に積極的ではないとの批判を受けてきたが、1993 年 5 月、寄託者である国連事務総長に受諾書を寄託することにより、先進国では 2 番目、全体では 18 番目に本条約を締結した。1993 年 12 月に所定の要件を満たして発効し、2023 年現在、194 カ国および欧州連合（EU）、パレスチナが加盟している。米国は条約には署名しているが批准はしていない。

２．生物多様性条約締約国会議

（1）2010 年 COP10（名古屋）

　生物多様性条約は、1992 年に採択、1993 年に発効された後、生物多様性条約締約国会議が、近年ではほぼ 2 年ごとに開催されている。2010 年には愛知県名古屋市で第 10 回締約国会議（COP10）が開催された。生物多様性条約では三つの理念―1.生物多様性の保全（大量絶滅に歯止めをかける）、2.生物資源の持続可能な利用、3.生物資源（遺伝資源）の利用から生じる利益を公平に配分する―を掲げた。このうち COP10 で集中審議された事項は、3.遺伝資源をめぐる議論であり、「名古屋議定書」では遺伝資源の利用や利益配分の枠組みについて合意した。地球温暖化防止に関する「京都議定書」に続き、日本が主導的な役割を果たして新たな議定書が策定された。

　私たちが使用している医薬品や食品には天然の植物や菌に由来し、途上国などの先住民が伝統的に珍重してきた資源が多くある（図表 3 - 9 参照）。たとえば、清涼飲料水の天然甘味料ステビアは南米原産のキク科植物から抽出

図表3-9　医薬品や食品の製造に使用される生物資源の例

マダガスカル原産の植物「ニチニチソウ」	抗がん剤
南アフリカ共和国原産の植物「ルイボス」	化粧品
中国原産の常緑樹の木の実「八角」	インフルエンザ治療薬
アフリカ南部のサボテンに似た植物「フーディア」	ダイエット食品
ケニアの湖で採取した微生物	ジーンズの脱色や洗浄剤
奈良県・春日大社の土壌から採取した菌	農薬
京都産の米に付着したカビ	高脂血症薬

され、インフルエンザ薬のタミフルは、木から採る八角という香辛料が素に
なっている。将来的にも有用成分が発見される期待は高く、生物種は資源で
ある。原産国にしか自生しない植物や菌でも、海外に持ち出し増殖すること
ができるが、そこから新薬などを開発し実用化した場合、利益は誰のものな
のか。生物資源が豊富な途上国が「利益の一部を受け取る権利がある」と主
張する一方、研究開発を行った先進国側は「探索や製品化に多額の費用がか
かるので応じられない」と自国の利益を主張する。

　COP10以前には遺伝資源の入手や利益配分に関するルールが存在せず、
個別に、医薬品、食品、化粧品メーカーなどに対する訴訟や、高額の対価の
要求が発生するリスクがあった。COP10において合意した名古屋議定書は、
遺伝資源の利用と原産国への利益配分を定めた初のルールである。しかし実
際には、資源を保有する途上国と、利用企業である先進国との利害対立は、
個別対応に委ねられる部分も多い。

　またCOP10では、遺伝資源が持つ成分を化学合成などで改良した「派生
物」を対象に含めるかどうかについても議論された。名古屋議定書の条文で
は、直接的に派生物という言葉は使用していないが、実際には派生物を含む
と解釈できる内容となっている。近年、多くの製品は動植物を直接使用する
のではなく、そこから得られる化学物質を人工合成するなどの手法で改良し

ている。同議定書では合意を優先させるために派生物の扱いは明確にせず、企業対応が求められる結果となった。

　また先進国が過去に原産国で採取し、植物園や微生物バンクで保管しているなど、議定書発行前に入手した遺伝資源については利益配分の対象外とした。アフリカ諸国は植民地時代に多くの有用な動植物を採取されたという意識が強く、過去にさかのぼって利益を得る権利を認めるよう求めていたが、EU などは、こうした主張が通れば遺伝資源を使用する例が多い化粧品や食品などで、過去の製品に対しても利益還元の義務が生じることを懸念した。多くの製品はすでに世界中に出回っており、影響が拡大する可能性があった。このほか、途上国の要請を受けて、企業による不正取得を監視する仕組みを設けた。

　COP10 では、2011 年から 2020 年までの生態系保全目標（愛知目標、愛知ターゲット）として、20 の個別目標を設定した（図表 3 -10 参照）。その結果、20 の目標のうち部分的に達成できたのは 5 つあったが（図表 3 -10 の⑨、⑪、⑰、⑲、⑳）、全般的に目標達成は不十分なレベルであった。この 10 年で 4 つの目標で特に状況が悪化した（図表 3 -10 の⑤、⑧、⑩、⑫）。⑤「森林の損失速度を半減させる」という目標に対して、森林減少は止まらず一部の地域では逆に加速している。世界の陸地面積の 3 割を占める森林には陸上生物の約 8 割が生息しており、森林破壊は生物多様性にとって影響が大きい。ブラジルや東南アジアなどの熱帯雨林で伐採が続いており、森林の減少により河川が消失したり分断されたりして、淡水域の生物にも悪影響が及んでいる。

　⑩「サンゴ礁などの海の脆弱な生態系を守る」という目標では、2015 年までにサンゴ礁などの生態系を悪化させる要因を食い止めるとしたが、逆に絶滅のリスクは急速に高まっている。サンゴ礁は海水温の変化に敏感で「海のカナリア」とも呼ばれる。海水温の上昇や人間活動による富栄養化など

図表 3-10　愛知目標の 20 項目

①生物多様性の価値を人々が認識する	⑪陸地や内陸水域の 17％を保全する
②生物多様性の価値が国の戦略に組み込まれる	⑫絶滅危惧種の絶滅を防止する
③生物多様性にとって負の影響を最小化する	⑬遺伝子の多様性を維持する
④持続可能な生産や消費に向けて行動する	⑭生態系が人に与えるサービスを守る
⑤森林の損失の速度を半減させる	⑮劣化した生態系を回復させる
⑥魚の過剰漁獲を避ける	⑯遺伝資源の取得機会を平等にする
⑦農業や林業が持続的に管理される	⑰2015 年までに国家戦略を策定する
⑧過剰栄養による汚染を抑える	⑱地域社会の伝統が守られる
⑨侵略的な外来種の定着を防ぐ	⑲生物多様性に関する知識を高める
⑩サンゴ礁などの海のぜい弱な生態系を守る	⑳生物多様性を守る資金を増やす

■ 特に達成から遠ざかっているもの　　□ 部分的に達成がみられるもの

で、サンゴの白化現象が世界各地で起きている。また⑫「絶滅危惧種の絶滅を防止する」という目標も達成できなかった。世界自然保護基金（WWF）が哺乳類や鳥類など約 4300 種を調査した結果、1970 年以降で 3 分の 2 以上が減少し、100 万種が絶滅の危機にある。このように愛知目標が達成できなかった要因の一つに、地球温暖化による気候変動の影響がある。大規模な森林火災や砂漠化、海水温の上昇などの急速な環境変化は、多くの生物にとって脅威となっている。気候変動問題と生物多様性問題は別個のものではなく、関連性が高く相互に影響を捉えながら取り組んでいかなければ十分な効果は得られない。名古屋議定書および愛知目標の施行により、温暖化防止とともに、生物多様性の保全が企業活動に大きな影響を及ぼしている。

（2）2021・22 年 COP15（昆明・モントリオール）

　COP15（中国・昆明）は 2021 年 10 月にオンライン、2022 年 12 月に対面形式（開催地をカナダ・モントリオールに変更）の 2 部構成で開催され、ポ

スト愛知目標を決定した。生物多様性のこれまでの議論に加え、新型コロナウイルスの起源とされる野生生物取引についても議論され、パンデミック対策が大きな問題となった。

　2021年10月のオンラインによる閣僚級会議では、生物多様性が経済成長と持続可能な開発を支えることを確認し、「少なくとも2030年までに生物多様性の損失を逆転させ回復させる」という「昆明宣言」を採択した。当宣言では、生物の減少や絶滅を防止するために「各国政府間で協力し、政策や規則、会計制度に生物多様性の観点を盛り込むことを推進」「保護地域の拡大による生態系保全の強化」を訴えた。

　2022年12月にはモントリオールで対面による第2部が開催され、「昆明・モントリオール　グローバル生物多様性フレームワーク（GBF）」が合意され、GBD/COP/15/L25として公表された[12]。GBFの目標は長期（2050年）と中期（2030年）の2本立てになっている。まず長期目標では、2050年ビジョン「自然と共生する世界」として2050年までに達成すべき4つの長期目標を掲げ（図表3-11、A〜D）、中期目標では、2030年ミッションを「自然を回復軌道に乗せるために生物多様性の損失を止め反転させるための緊急の行動とる」として、2030年までに達成すべき23のターゲットを定めた（図表3-11、1〜13、ただし要点のみを簡略的に記載した）。各ターゲットは直ちに開始し、2030年までに完了することが求められ、それにより2050年目標の達成が可能となる。新目標の根底には"transformative change（革命的な変化）"という方向性があり、次世代に向けて生物多様性の減少を食い止めるためにはドラスティックな変革が必要である。

---

12)　COP15: Final text of Kunming Montreal Global Biodiversity Framework Convention on Biological Diversity（cbd.int）（2023/06/04 閲覧）。

図表3-11　COP15昆明・モントリオールグローバル生物多様性フレームワーク

2050年　4つの長期目標	
GOAL A	・2050年までに自然生態系の面積を大幅に増加する。 ・絶命危惧種の人間による絶滅を食い止め、2050年までにすべての種の絶滅率とリスクを1/10に減少する。 ・遺伝的多様性を維持し、それらの適用能力を保護する。
B	・生物多様性を持続可能に利用・管理し、自然の人間への貢献を評価・維持・強化し、現在衰退しているものは回復し、2050年まで現在および将来世代の利益のために持続可能な開発の達成をサポートする。
C	・遺伝資源の利用から生じる貨幣的および非貨幣的利益、デジタル配列情報ならびに関連する伝統的知識は、先住民および地域社会と公正かつ衡平に共有し、2050年までに大幅に増加するとともに、遺伝資源に関する伝統的知識を保護し、国際的に合意されたアクセスと利益配分の手段に従って、生物多様性の保全と持続可能な利用に貢献する。
D	・GBF実施のための財源、能力構築、技術的および科学的協力、ならびに技術へのアクセスおよび移転等の適切な実施手段は、すべての締約国、特に開発途上国、後発開発途上国、小島嶼開発途上国、ならびに移行経済国にとって確保され、公平にアクセスできる。年間7000億ドルの生物多様性に必要な資金不足（ギャップ）を縮め、GBFおよび2050年ビジョンに適合させる。
2030年　23のターゲット	
1．生物多様性への脅威の低減	
TARGET 1	全ての陸域／海域を、生物包括した空間計画下に置き、原始的な自然地域を維持
2	劣化した生態系を少なくとも30%を再現・復元
3	2030年までに、陸域、内水、沿岸・海域、特に生物多様性および生態系にとって重要な地域の少なくても30%を保全
4	野生生物との軋轢回避を含め、生物種と遺伝的多様性の回復・保全のために行動
5	種の採取、取引、利用を合法化し、持続可能に
6	外来生物の新規侵入および定着を2030年までに50%減少
7	環境中の栄養分の喪失を半減、農薬および危険な化学物質の放出を少なくとも半分に削減、プラスチック廃棄物の排除
8	気候変動および海洋酸性化が生物多様性に与える影響を最小化
2．持続可能な利用および利益配分を通じた人々のニーズへの対応	
9	野生種の管理および利用が持続可能であることを確保し、脆弱な状況の人や生物多様性に依存している人に、社会的、経済的、環境的利益を提供

10	農業、養殖業、林業で使用されている空間を持続可能に管理し、生産性を向上
11	災害からの保護に貢献する自然を維持・管理
12	緑地、親水空間の面積およびアクセスの増加
13	ABS を促進・確保するための措置
3．実現の主流化のためのツールと解決策	
14	政策、規制、計画、開発プロセス、会計等への生物多様性の価値の統合
15	すべてのビジネスが生物多様性への依存および影響を評価・報告・対処し、悪影響を半減
16	廃棄物を半減させるべく、責任ある選択と必用な情報の入手
17	バイオテクノロジーによる影響への対処のための能力強化、措置の実施
18	生物多様性に有害な補助金を改廃して年間 5000 億ドル削減し、生物多様性の保全と持続可能な利用のインセンティブを拡大
19	すべての財源からの資源動員を年間 2000 億ドルまで増加し、途上国向けの国際資金を増加
20	能力構築および開発、技術へのアクセスおよび移転を強化
21	啓発、教育、研究により、重要な情報が生物多様性管理の意思決定の指針となることを確保
22	生物多様性に関連する意思決定への衡平な参加、先住民族、女性、若者の権利確保
23	ジェンダーに配慮したアプローチを通じて、生物多様性に関連する関与、政策、意思決定におけるジェンダー平等を確保

出所：COP15: Final text of Kunming-Montreal Global Biodiversity Framework Convention on Biological Diversity（cbd.int）（2023/06/04 閲覧）を参照して作成。

第 3 節　生物多様性に対する日本の取り組み

　1993 年に発効した生物多様性条約第 6 条「保全及び持続可能な利用のための一般的な措置」では次のように定めている。「締約国は、生物の多様性の保全及び持続可能な利用を目的とする国家的な戦略若しくは計画を作成し、又は当該目的のため、既存の戦略若しくは計画を調整し、特にこの条約に規定する措置で当該締約国に関連するものを考慮したものとなるようにす

ることを行う」。これに基づき、締約国は生物多様性の保全と持続可能な利用を目的とした国家戦略を策定している。日本は条約発効から2年後の1995年に第一次戦略「生物多様性国家戦略」を策定した。この国家戦略には5年ごとに見直しを行うことが盛り込まれている。その後2002年に第二次戦略「新・生物多様性国家戦略」、2007年に第三次戦略「第三次生物多様性国家戦略」、2010年に第四次戦略「生物多様性国家戦略2010」、2012年に第五次戦略「生物多様性国家戦略2012-2020」が策定され、2023年に第六次戦略「生物多様性国家戦略2023-2030」〜ネイチャーポジティブ実現に向けたロードマップ〜が閣議決定した。

1．1995年〜2007年「生物多様性国家戦略」

条約発効から2年足らずで策定された1995年第一次戦略は、策定過程での意見聴取や各省の施策に課題が残され、2001年より見直しが開始された。専門家で構成する生物多様性国家戦略懇談会における、自然環境の現状分析や施策のレビュー、徹底した情報公開、NGOや学会等からの広範なヒアリング実施などの策定プロセスを経て、2002年に第二次戦略「新・生物多様性国家戦略」が策定された。これがその後の「生物多様性国家戦略」の基礎となっている。

（1）第二次戦略「新・生物多様性国家戦略」（2002年）

「新・生物多様性国家戦略」の概要は、前文および5部構成となっている。まず前文では「新国家戦略を取り巻く状況」として、1.社会経済の安定化と環境意識の向上、2.各省の環境、自然の内部化、3.地球環境の視点からの国際的責務の増大、を挙げたうえで、「新国家戦略の性格・役割」として、1.自然と共生する社会を実現のための中長期的なトータルプラン、2.新た

に着手する具体施策を盛り込んだ実践的な行動計画を掲げている。

図表3-12　「新・生物多様性国家戦略」の概要

前文
・新国家戦略を取り巻く状況
・新国家戦略の性格・役割
第1部　生物多様性の現状と課題
【3つの危機】
第1の危機…開発や乱獲など人間活動に伴う負のインパクトによる生物や生態系への影響
第2の危機…里山の荒廃等の人間活動の縮小や生活スタイルの変化に伴う影響
第3の危機…移入種等の人間活動によって新たに問題となっているインパクト
第2部　生物多様性の保全及び持続可能な利用の理念と目標
【5つの理念】
①　人間生存の基盤
②　世代を超えた安全性・効率性の基礎
③　有用性の源泉
④　豊かな文化の根源
⑤　予防的順応的態度（エコシステムアプローチ）
【3つの目標】
①　種・生態系の保全
②　絶滅の防止と回復
③　持続可能な利用
【グランドデザイン】
生物多様性が保全された結果、現れる国土の将来像、人々との関係、行動についてイメージが浮かぶように、ビジュアルに表現。
第3部　生物多様性の保全及び持続可能な利用の基本方針
【3つの方向】
①　保全の強化
②　自然再生
③　持続可能な利用
【基本的視点】
①　科学的認識
②　統合的アプローチ

③　知識の共有・参加

④　連携・共同

⑤　国際的認識

【国土の捉え方】

①　国土の構造的把握

②　植生自然度別配慮事項

【主要テーマ別取扱方針】

①　重要地域の保全と生態的ネットワーク形成

②　里地里山の保全と利用

③　湿地の保全

④　自然の再生・修復

⑤　野生生物の保護管理（絶滅対策の強化）（移入種対策）

⑥　自然環境データの整備

⑦　効果的な保全手法等（環境アセスの充実）（国際協力）

第4部　具体的施策の展開

第1章　国土の空間的特性・土地利用に応じた施策

　1節　森林・林業／2節　農地・農業／3節　都市・公園緑地・道路／4節　河川・砂防・海岸／5節　港湾・海洋／6節　漁業／7節　自然環境保全地域・自然公園／8節　名勝・天然記念物

第2章　横断的施策

　1節　野生生物の保護と管理／2節　生物資源の持続可能な利用／3節　自然との触れあい／4節　動物愛護・管理

第3章　基盤的施策

　1節　調査研究・情報整備／2節　教育・学習、普及啓発、人材育成／3節　経済的措置等／4節　国際的取組

第5部　国家戦略の効果的実施

　第1部では、「生物多様性の現状と課題」について【3つの危機】を挙げている。第1の危機は、開発や乱獲など人間活動に伴う負のインパクトによる生物や生態系への影響とし、その結果、多くの種が絶滅の危機にあり、湿地生態系の消失が進行し、島嶼や山岳部など脆弱な生態系が影響を受けている。第2の危機は、里山の荒廃等の人間活動の縮小や生活スタイルの変化に伴う影響とし、経済的価値減少の結果、二次林や二次草原が放置され、耕作

放棄地も拡大している。第3の危機は、移入種等の人間活動によって新たに問題となっているインパクトを挙げ、国外または国内の他地域から様々な生物種が移入した結果、在来種の捕食、交雑、環境攪乱等の影響が発生し、また化学物質の生態系影響のおそれがあるとしている。

第2部では、生物多様性の保全及び持続可能な利用における【5つの理念】を掲げ、生物多様性保全の意義として「生存の基盤」や「有用性」の点に加えて、「安全性・効率性」（マクロ・長期的にみると生物多様性の尊重が人間生活の安全性や効率性を保証）や「文化の根源」（地域の生物多様性とそれに根差した文化の多様性は歴史的資産、それらを上手く紡ぐことが地域個性化の鍵）という点を掲げ、従来の理念を拡大して整理している。そのうえで【3つの目標】を、①種・生態系の保全、②絶滅の防止と回復、③持続可能な利用として整理している。さらに【グランドデザイン】として、生物多様性が保全された結果現れる国土の将来像、人々との関係、行動についてイメージが浮かぶようにビジュアル的に表現し、単なる土地の広がりだけではなく、地下から空中、地下水、海洋まで、そして土壌微生物から空を飛ぶ鳥までを国土として捉え、その将来像を提示している。

第3部では、第2部の理念と目標を受けて、今後展開すべき施策の【3つの方向】（①保全の強化、②自然再生、③持続可能な利用）と、施策の基礎となる、次の5つの【基本的視点】を提示している。

①科学的認識……自然環境保全調査など、調査研究を飛躍的に進化させ、科学的データに基づく理解・認識を策定決定の出発点とする。

②統合的アプローチ……社会経済的側面を含め統合的に問題を捉える。国土利用に関する各種計画や、環境負荷を低減する循環型社会づくりとも連携する。

③知識の共有・参加……積極的な情報公開により、国民の参加を促す。

④連携・共同……各省が連携・共同して、一体的・総合的な組織として進

める。

⑤国際的認識……日本と世界、特にアジア地域は、自然環境、社会経済両面から深い関係にあり、国境を越えて生物多様性保全に積極的に貢献する。

さらに新たな試みとして、国土を生物多様性の観点から認識し、現状や特性を把握すると同時に、生物多様性を向上させるポテンシャルを示す2つの【国土の捉え方】を提示している。

①国土の構造的把握……生物多様性を支える骨格的な構造として、「奥山自然地域」「里地里山等中間地域」「都市地域」「河川・湿原等水系」「海岸・浅海域・海洋」「島嶼地域」を挙げ、それぞれの特性と保全・改善の方向を記述している。

②植生自然度別配慮事項……人為の影響の度合いを示し、また生物多様性を回復していくための指標的性格も持っている植生自然度を挙げ、植生自然度別に現状と質を高めていくための配慮事項を記述している。

以上を総合して、生物多様性保全上の【主要テーマ別の取扱方針】を7つ記載している。

①重要地域の保全と生態的ネットワーク形成……保護地域制度を強化する。自然公園については風景保護の視点に加え、生態系、特に動物保護の視点を位置づける（自然公園法改正）。緑の回廊、農地、道路、河川、公園緑地、港湾、漁港等の取り組みを有機的に結びつけて国土の生態系ネットワークを形成する。

②里地里山の保全と利用……里地里山を自然特性から分類し、その様態に応じた方策を進める。地域の生活・文化を含め一体的・総合的に問題を捉える。

③湿地の保全……生物多様性保全の観点から重要な湿地を500カ所選定し（重要湿地500）、保護地域化の促進や事業配慮の徹底などにより保全を

強化する。

④自然の再生・修復……自然再生事業は開発に伴う代償的措置ではなく、過去に失われた自然を取り戻し生態系の健全性を回復することを直接目的とした事業であることを明記する。自然再生事業推進会議の設置などを通じて各省連携体制を強化する。

⑤野生生物の保護管理……絶滅対策の強化として、島嶼や里地里山など絶滅危惧種が集中する場所や湿地などを特定し、絶滅を未然に回避する予防的措置を展開する。移入種（外来種）対策として、条約締約国会議で示された中間的指針原則に沿って、1.侵入の予防、2.侵入の初期段階での発見と対応、3.定着した生物の駆除・管理の3段階で必要な対応を推進する。

⑥自然環境データの整備……自然環境保全基礎調査の新たな展開として、全国 1000 カ所程度のモニタリングサイトの設置を進める。

⑦効果的な保全手法等……環境アセスの充実として、影響予測手法や影響の回避・低減・代償のための技術的・制度的手法の向上、アセス実施に必要な情報の整備・提供など、より効果的にアセスを機能させる。国際協力の重点分野として、アジア地域を中心とした自然環境データ整備をベースとしつつ、渡り鳥の保護、湿地の保全・再生、希少種が集中するホットスポットの保全などへの協力を通じて、国際レベルから国レベルまで様々な空間レベルにおける生態的ネットワークを形成する。

　第4部では、各省の具体的施策を、森林、農地など「国土の空間特性や土地利用に応じた施策」、野生生物の保護管理など「様々な空間やセクターに横断的な施策」、そして調査研究、人材育成など「基盤的な施策」の3つに分けて記述している。

　第5部では最後にまとめとして、実行体制と各主体の連携、各種計画の連携、国家戦略と点検・見直しについて記述している。特に国家戦略のフォ

ローアップとして、毎年、中央環境審議会へ施策の進捗状況を報告し、生物多様性の観点から点検するとしている。

（2）第三次戦略「第三次生物多様性国家戦略」（2007 年）

2002 年「新・生物多様性国家戦略」策定から 5 年後の 2007 年に、「第三次生物多様性国家戦略」が公表された。第三次生物多様性国家戦略は、第 1 部「戦略」と第 2 部「行動計画」の 2 部構成となっている。第 1 部「戦略」では、私たちの暮らしを支える生物多様性の重要性をわかりやすく解説するとともに、顕在化しつつある地球温暖化の影響を新たに記述している。生物多様性から見た国土の望ましい姿のイメージを、過去 100 年間に破壊してきた国土の生態系を 100 年かけて回復する「100 年計画」として提示するとともに、今後 5 年間に取り組むべき施策の方向性を 4 つの「基本戦略」としてまとめた。第 2 部「行動計画」では、体系的・網羅的に具体的施策を記述したうえで、具体的に「生物多様性」の認知度を 30％から 50％以上とする、ラムサール条約湿地を 10 カ所増やす、などの数値目標を設定するとともに、実施省庁を明記した。

2．2008 年 生物多様性基本法

生物多様性条約では、世界の締約国に「生物多様性国家戦略」の策定を義務づけた。この国家戦略は国の環境行政の指針として策定されたが、法律としての裏づけはなく実効性は不明確であった。このような中、2008 年 5 月に「生物多様性基本法」（平成 20 年法律第 58 号）（以下、本基本法）が成立し、同年 6 月に公布・施行された。

本基本法は、生物多様性の保全と持続可能な利用に関する施策を総合的・計画的に推進することで豊かな生物多様性を保全し、その恵みを将来にわた

り享受できるような自然と共生する社会を実現することを目的としている。その中には、生物多様性の保全と利用に関する基本原則、生物多様性国家戦略の策定、白書の作成、国が講ずべき 13 の基本的施策など、日本の生物多様性施策を進めるうえでの基本的な考え方が示されている。また国だけでなく、地方公共団体、事業者、国民・民間団体の責務、都道府県および市町村による生物多様性地域戦略策定の努力義務などが規定されている。つまり、前項までに論じてきた国家戦略における生物多様性保全計画が、法に基づいた実効性のある政策となったのである。

　本基本法は理念を示したものではあるが、都道府県や市町村でもそれぞれの地域の生物多様性保全戦略を策定することを促しており、広く地域に根ざした生物多様性保全の取り組みが広がっていくことが期待される。政策の検討段階での市民参加や、より強力な環境アセスメントの導入、国内の自然保護に関わる各法律の改正などの要点が盛り込まれている。本基本法の施行は、2010 年に名古屋で開催された第 10 回生物多様性条約締約国会議（COP10）の基礎固めともなった。

３．2010 年〜2023 年「生物多様性国家戦略」

（１）第四次戦略「生物多様性国家戦略 2010」（2010 年）

　1995 年に生物多様性条約に基づき初めて生物多様性国家戦略を策定して以来、5 年ごとの見直し規定に基づいて、2002 年、2007 年に見直されてきた。2008 年に生物多様性基本法の施行により法律上で生物多様性国家戦略の策定が規定されると、これを受けて、2010 年に初めて本基本法に基づく「生物多様性国家戦略 2010」が公表された。「生物多様性国家戦略 2010」は、2007 年「第三次生物多様性国家戦略」の構成や計画期間を引き継ぎつつ、2010 年 COP10（名古屋）に向けた取り組みを視野に入れて内容の充実を

図っており、3つの大きな特徴がある。

　1つ目は、中長期目標（2050年）と短期目標（2020年）の設定であり、初めて目標年を明示した総合的・段階的な目標を設定した。中長期目標は2050年を目標年として、生物多様性の状態を現状以上に豊かにすることを掲げている。短期目標は生物多様性の損失を止めるため、2020年までに、1．生物多様性の状況の分析・把握、保全活動の拡大、維持・回復、2．生物多様性を減少させない方法の構築、持続可能な利用、3．生物多様性の社会における主流化、新たな活動の実践、を目指す。2つ目は、COP10の日本開催を踏まえた国際的な取り組みの推進である。2010年に名古屋市でCOP10が開催され、COP11（2012年）まで日本がCOP議長国を務めることを踏まえ、地球規模で生物多様性の保全と持続可能な利用を実現するため、国際的リーダーシップを発揮する。3つ目は、COP10を契機とした国内施策の充実・強化である。COP10を契機に生物多様性の保全と持続可能な利用を様々な社会経済活動に組み込み、多様な主体が行動する社会の実現に向けた国内施策を充実・強化する。

（2）第五次戦略「生物多様性国家戦略2012-2020」（2012年）

　COP10では生物多様性に関する世界目標となる愛知目標が採択され、各国はその達成に向けた国別目標を設定し、生物多様性国家戦略に反映することが求められた。また日本では2011年3月に東日本大震災が発生し、これまで以上に人と自然共生社会のあり方を示すことが求められるようになった。これらを踏まえ、2012年に「生物多様国家戦略2012-2020」が公表された。

　2012年国家戦略では、日本の生物多様性に対して4つの危機を挙げている。第1の危機は開発など人間活動による危機、第2の危機は自然に対する働きかけの縮小による危機、第3の危機は外来種など人間により持ち込まれ

たものによる危機、第 4 の危機は地球温暖化や海洋酸性化など地球環境の変化による危機である。第 1 の危機の人減活動による開発とは、湿地や干潟・沿岸部の埋め立て、森林伐採による工業用地や宅地などへの転用、河川の直線化・固定化、ダムの整備、農地の整備などがある。第 2 の危機の人間の働きかけの縮小とは、薪炭として利用している木の伐採、肥料に利用されていた落ち葉集め、草刈りなどが行われなくなったこと、水路の掃除、ため池の管理、林の管理など、生活圏の確保に必要な管理行為が日常的に行われなくなったことが挙げられる。第 3 の危機の外来種とは、国外や国内の他の地域から野生生物の範囲を超えて移動することであり、前述のハブ退治のためにマングースを輸入したことによるヤンバルクイナの減少や、海上輸送時に付着した植物の種やアリなどの生物の繁殖などが挙げられる。第 4 の危機の地球環境の変化は、地球全体における気候変動によるものであり、地球温暖化問題は生物多様性問題に多大な影響を与えている。

（3）第六次戦略「生物多様性国家戦略 2023-2030」（2023 年）

　2022 年 COP15 では「昆明・モントリオール生物多様性枠組（GBF）」が合意され、2050 年までに達成すべき 4 つの長期目標と、2030 年までに達成すべき 23 のターゲットの世界目標が採択された。日本ではこれに先立って生物多様性国家戦略の見直しの検討が進められ、2023 年 3 月に第六次戦略「生物多様性国家戦略 2023-2030」～ネイチャーポジティブ実現に向けたロードマップ～が閣議決定された。

　本戦略の位置づけは、新たな世界目標 GBF に対応した戦略であり、2030 年のネイチャーポジティブの実現を目指し、地域の持続可能性の土台であり人間の安全保障の根幹である生物多様性・自然資本を守り活用するための戦略である。戦略のポイントは、生物多様性損失と気候危機の 2 つの危機に統合的に対応し、ネイチャーポジティブの実現に向けた社会の根本的変革を強

調するものである。30by30 目標[13] 達成のための取り組みにより健全な生態系を確保し、自然の恵みを維持回復する。自然資本を守り活かす社会経済活動、つまり自然や生態系への配慮や評価が組み込まれ、ネイチャーポジティブの駆動力となる取り組みを推進する。

　本戦略の構成は、第 1 部「戦略」では、2030 年に向けた目標であるネイチャーポジティブ（自然再興）の実現に向けて 5 つの基本戦略を設定し、戦略ごとに状態目標（あるべき姿）を合計 15 個と、行動目標（なすべき行動）を合計 25 個を設定している。第 2 部「行動計画」では、第 1 部で設定した 25 個の行動目標ごとに関係府省庁の関連する具体的施策（367 施策）を整理し、各状態目標・行動目標の進捗を評価するための指標群を設定している。これには GBF 指標にも対応する指標を含んでいる。

　以上、本節で論じてきた生物多様性条約における目標および国家戦略を達成していくためには、民間事業者の参画が必要不可欠である。持続可能な経済成長と生物多様性の保全を両立させるため、経済界も対応を開始している。日本経済団体連合会（通称、経団連）、日本商工会議所、ならびに経済同友会では、生物多様性条約の実施に関する民間参画を推進する「生物多様性民間参画イニシアティブ」を設立し、COP10 において正式に発足した。そこで次節では、企業による生物多様性理念の具体化について考察していく。

---

13)　2030 年までに生物多様性の損失を食い止め回復させる（ネイチャーポジティブ）というゴールに向け、2030 年までに陸と海の 30%以上を健全な生態系として効果的に保全しようとする目標。

第 4 節　企業による生物多様性理念の具体化

1．生物多様性民間参画イニシアティブ

　企業は生物多様性に依存して活動していると同時に、生物多様性に多大なる影響を及ぼしている。国連は 2005 年に、生物多様性の価値を地球レベルで包括的に調査した研究プロジェクトとして「ミレニアム生態系評価（Millennium Ecosystem Assessment: MA）」[14] を発表した。MA では、生物多様性が 20 世紀の後半以降急速に破壊され、生態系の機能が低下した原因として、次の 5 つを挙げている。1 つ目は生息域の変化であり、開発により生物が生息できる場所が変化・消滅している。2 つ目は気候変動であり、地球温暖化や気候変動パターンの変化などの影響により、従来の生息域に生物が生息できなくなっている。3 つ目は侵略種の問題であり、他の地域や国から侵入した生物が、その地域に生息していた生物を駆逐するなどして、生態系を変化させている。企業活動のグローバル化に伴う人・物の国境を越えた移動は、この問題を加速させている。4 つ目は、人間が生物資源を過度に利用することにより、生物の激減・絶滅をもたらし、生態系が変化している。そして 5 つ目は有害化学物質の影響、肥料の過剰な使用である。窒素やリンが生態系に過剰に蓄積することにより、生態系のバランスが大きく崩れ始めている。以上 5 つの原因は、いずれも企業活動と密接な関係がある。

　前節までに、生物多様性条約の目的達成のための国際的な取り組み、および国家戦略の策定による国の取り組みついて論じてきたが、さらに生物多様性理念を具体化していくためには民間部門の取り組みが必須である。民間部

---

14)　第 1 章注記 1)参照。

門の生物多様性への取り組みは、国際的には 2008 年の生物多様性条約第 9 回締約国会議（COP9）〔於ボン（ドイツ）〕で提唱された「ビジネスと生物多様性イニシアティブ（通称 B&B イニシアティブ）」が先駆的な取り組みである。日本でも B&B イニシアティブの趣旨を引き継ぎ、生物多様性条約の目的実現のため、幅広い業種・業態の大企業から中小企業にわたる多様な事業者が、生物多様性に資する取り組みに自発的・積極的に参画している。こうした取り組みの質・量両面での拡充を促進するため、COP10 を契機として「生物多様性民間参画イニシアティブ」が発足した。具体的な活動としては、全国の企業に向けて、生物多様性に関する情報や経験を共有し相互交流を図る「生物多様性民間参画パートナーシップ」への参加を呼び掛け、企業の取り組みを支える環境非政府組織（NGO）、研究者、公的機関などとの情報交換の場を提供した。さらに生物多様性条約事務局や海外の環境 NGO との連携・交流を図る「生物多様性民間参画グローバルプラットフォーム」を立ち上げ、日本の取り組みを海外に発信している。

　経団連はこのイニシアティブ発足を機にさらなる民間参画の拡大を図り、環境先進企業から中小企業まで、より効果的に生物多様性に取り組める仕組み作りを目指している。経団連自然保護協会は、2003 年に公表した日本経団連自然保護宣言の理念を具体化するため、2009 年に日本経団連生物多様性宣言および行動指針を策定し、民間部門の活動拡大を推進してきた。また 2015 年に国連が採択した「持続可能な開発目標（SDGs）」への貢献を重要課題に掲げて「Society 5.0 を通じた SDGs の達成」に取り組んだ。さらに愛知目標の最終年 2020 年を前に、2018 年に「経団連生物多様性宣言」および「行動指針」を改定し、自然共生社会の構築を通じた持続可能な社会の実現を目指すことを宣言した（図表 3-13 参照）。2019 年 G7 メッス環境大臣会合において採択された「生物多様性憲章」では、政府に加えて様々なステークホルダーによる生物多様性に関するコミットメントが奨励された。そこで

図表 3 -13　経団連生物多様性宣言（改定版）

一般社団法人 日本経済団体連合

2009 年 3 月 17 日制定

2018 年 10 月 16 日改定

【経営者の責務】持続可能な社会の実現に向け、自然の恵みと事業活動とが調和した経営を志す
【グローバルの視点】生物多様性の危機に対して、グローバルな視点を持って行動する
【自主的な取組み】生物多様性に資する行動に自発的かつ着実に取り組む
【環境統合型経営】環境統合型経営を推進する
【自然資本を活かした地域の創生】自然への畏敬の念を持ち、自然資本を活用した地域の創生に貢献する
【パートナーシップ】国内外の関係組織と連携・協働する
【環境教育・人材育成】生物多様性を育む社会づくりに向け、環境教育・人材育成に率先して取り組む
私たちは、生物多様性が持続可能な社会にとって重要な基盤であることをより深く認識し、国際社会の一員としてすべての人々との間で、役割と責任を分かち合い、連携・協力して生物多様性に資する行動をより一層推進し、「自然共生社会の構築を通じた持続可能な社会の実現」を目指すことをここに宣言する。

出所：2018 年改定 経団連生物多様性宣言（改定版）を基に作成。

　日本経済界による生物多様性への取り組みの深化と裾野拡大に資する「経団連生物多様性宣言イニシアチブ」をとりまとめ、会員各社・団体から、それぞれの強みを活かした生物多様性に対する意欲的な取り組み方針と具体的な活動が寄せられている。

　企業は自らが依存している生物多様性に多大なる影響を及ぼしながら活動を行っており、生物多様性の保護・保全に真剣に取り組んでいくべきである。企業の生物多様性保全への取り組みはビジネスリスクであるのみでなく、ビジネスチャンスにつながる可能性もある。そこで次に企業経営と生物多様性との連関について考察する。

2．企業経営と生物多様性

　企業活動が生物多様性に与えている影響を把握し、マイナスの影響を回避
または最小限にすることが、持続可能な開発を基本理念とする企業経営に
とって重要な課題である。生物多様性条約の三つの理念（1.保全、2.持続
可能な利用、3.公平な配分）[15) は、企業における「持続可能な事業」「持続
可能な資金」「持続可能な開発」と関連づけることができる（図表3-14 参
照）。生物多様性は企業に求められる広範な環境管理の一部である。企業の
社会的責任や持続可能な経営という観点から考えると、生物多様性の損失は
企業活動においてビジネスリスクと捉えられるが、同時に生態系管理や生物
資源の持続可能な利用がビジネスチャンスをもたらす可能性もある。企業が
取り組む生物多様性を、リスクとチャンスという両面から考察していく。

（1）生物多様性に関わるビジネスリスク
　企業が生物多様性問題に対する適切な取り組みを怠ることにより、市場で
の立場や利益面においてリスクが高くなる（図表3-15 参照）。こうしたビ
ジネスリスクについて具体的に考察する。

図表3-14　生物多様性条約の3つの目的と企業の持続可能性についての比較

生物多様性条約の3つの目的	持続可能な事業	持続可能な資金	持続可能な開発
保全	環境循環	環境的価値	環境保護
持続可能な利用	経済成長	経済的価値	経済発展
公平な配分	社会的公正	社会的価値	社会開発

出所：生物多様性JAPAN［2003］p. 15。

---

15)　本章第2節1項（3）参照。

図表3-15　生物多様性への適切な対応を怠ることによるビジネスリスクの例

- ・操業許可の喪失
- ・サプライチェーンの分断
- ・ブランド・イメージの悪化
- ・消費者やNGOによる不買運動
- ・環境破壊に対する罰金や市民からの責任の追及
- ・金融市場での低い格付け
- ・従業員の士気や生産性の低下

出所：生物多様性JAPAN［2003］p. 15。

a．操業リスク

　自然資源を自然回復力以上に乱獲すると、資源が減少して市場への安定供給ができなくなり、当該資源による事業が困難となる。または資源枯渇または減少により価格が高騰し、操業に多大な影響を及ぼす。生物多様性への配慮を供給者に要求する調達ガイドラインが国や公的機関、民間企業において策定された場合には、配慮を欠いた製品は市場から締め出されることも考えられる。

b．規制などに対する法的リスク

　生物多様性への配慮が義務化され、法的な制度として具体化された場合、法に則り生物多様性に配慮した活動を行わなければ、罰金や損害賠償請求、訴訟などに発展するおそれがある。

c．消費者やNGOによる不買運動リスク

　法的な問題に至らない場合でも、環境保護を推進するNPO・NGOによる不買運動が発生する可能性がある。こうした現象がメディアなどに取り上げられた場合、企業ブランドやイメージの悪化を招き一般の消費者の不買運動へと発展し、風評被害を含めて大きなリスクとなる可能性がある。

d．金融機関における資金調達リスク

　国際的な格付け会社、金融機関等では、企業の生物多様性への取り組みを審査項目に取り入れるようになっている。生物多様性に配慮をしていない企

業は金融市場での格付けが低くなり、資金調達の困難や、株式市場での評価の低下を招くおそれがある。

（2）生物多様性がもたらすビジネスチャンス

　生物多様性に対して適切な対応をとることにより、リスクを防ぐのみならず、逆にビジネスチャンスとなる可能性がある。生物多様性に関わるリスクを認識することにより企業の財務状況を改善し、持続可能な事業活動のチャンスともなり得る（図表3-16参照）。このようなビジネスチャンスについて、具体的に考察する。

ａ．操業チャンス

　生物多様性条約の3つの理念は、企業の社会的責任や持続可能な開発という政策目標と関連しているため、事業企画の初期段階から取り組むことにより操業許可が確保しやすくなる。また、継続的にモニタリングすることによって状況の悪化を把握し、操業許可を失う前に対応して操業許可の永続につなげることができる。

ｂ．サプライチェーンの強化と持続可能な成長

　資源の乱獲は操業リスクであったが、逆に資源の持続可能な利用によりサプライチェーンを強化する。また供給源に配慮した自然資源の有効な利用は、新しい資産の発見・開発につながる可能性があり、持続可能な成長につ

図表3-16　生物多様性がもたらすビジネスチャンスの例

> ・操業許可の確保
> ・サプライチェーンの強化
> ・ステークホルダーとの関係強化
> ・倫理観の強い消費者へのアピール
> ・持続可能な成長の確保
> ・社会的責任を重視する投資家へのアピール
> ・従業員の生産性の向上

出所：生物多様性JAPAN［2003］p. 16。

ながる。

c．ステークホルダーとの関係強化

　生物多様性への取り組みによる自然環境改善によって、地域住民等の理解が得られる。また企業を取り巻く自然環境に配慮することにより、顧客、従業員、近隣などとの間に相互利益となる関係が生まれ、ステークホルダーとの関係が強化される。

d．消費者へのアピール

　生物多様性に責任を持つことにより市場での差別化が図られ、プレミアム価格を得る可能性がある。その結果、新規顧客や新市場を獲得しシェア拡大につながる。

e．投資家へのアピール

　企業の社会的責任を重視した投資家が増加しており、関連した企業の格付けや環境パフォーマンス指標も開発されている。企業のビジネスモデルに生物多様性への対応を組み込むことで、より多くの新規投資家を確保する可能性がある。

f．従業員の質と生産性の向上

　学生の就職活動において、社会的責任を果たしている企業を選択する傾向が高くなっており、生物多様性の保全に明確な態度を示すことによって、企業は従業員の質と生産性を高めることができる。

（3）生物多様性のビジネスへの統合

　企業が社会的責任を果たし持続可能なビジネスを遂行していくために、生物多様性条約の3つの理念である1.保全、2.持続可能な利用、3.利益の公平な配分を、積極的に経営戦略や経営方針に組み込むことが期待される。それによって企業は生物多様性に関わるビジネスリスクを管理するのみならず、ビジネスチャンスを獲得することが可能となる。企業は生物多様性に関

わるリスクとチャンスを把握し、さらに生物多様保全を事業活動の一環として新しいビジネスモデルを創出することが求められている。生物多様性を単にリスクと捉え、その対応を義務的に実施するのではなく、企業活動の中で経済的合理性を確立し、持続的に生物多様性保全に取り組んでいくことがビジネスチャンスをもたらし、企業価値を高める。

　図表3-16に掲げた生物多様性がもたらすビジネスチャンスを、企業の産業特性を生かして遂行することによって、企業は環境・社会・経済のトリプルボトムラインにおいてバランス良く発展し、業績を向上させることが可能となる。ただし各産業、企業規模等により生物多様性問題やそのリスク・チャンスは異なる。そこで次に産業ごとに生物多様性への取り組み、およびそのリスクとチャンスについて考察していく。

3．各産業における生物多様性保全活動

（1）石油・ガス産業における生物多様性への取り組み

　石油・ガス産業は、その上流において地中ならびに海底の原油・天然ガス採掘の際、大規模に土地を掘削するが、エネルギー・鉱物資源は地球が元来有する自然資源であり、開発地を独自に選別することができない。また掘削した原油・天然ガスを輸送するためには、陸上・海底に長距離にわたるパイプラインを施設するための土地改変が必要となり、陸地ならびに海域の広範囲にわたる生態系に影響を与える可能性がある。さらに油田・ガス田や製油所などから発生するフレアガスの燃焼により硫黄酸化物が生じ、適切な対応を施さなければ酸性雨の原因ともなる。このように石油・ガス産業は、生物多様性への影響が大きな産業であるが、近年では資源開発サイトが山奥や深海底にまで及ぶこともあり、生物多様性に与える影響の大きなプロジェクトが増加している。

　1989 年に米国アラスカ沖で発生したタンカー「エクソン・バルディーズ号」の大規模な座礁事故では大量の原油が流出し、350 マイル以上の海岸を汚染し、魚類、海鳥、海獣などが多大な被害を受け、生態系破壊の深刻な問題となった。その後 2010 年には、英 BP 社が米メキシコ湾で原油流出事故を起こしたが、この際の原油流出量はアラスカ沖の事故の 5 倍にも及ぶ。これにより深海油田開発に対する各国政府の規制が強化され、石油産業の開発費の増加、損害賠償の巨額さ等のリスクが顕在化した。

　英 BP 社の原油流出事故が発生した掘削現場は、「大水深域」と呼ばれる水深 1500 メートルの海底であった。ダイバーも潜れない大水深域では遠隔操作ロボットによる作業が不可欠であるが、暗闇で水圧が高い深海での作業は容易ではなく事故対応は難航した。流出箇所を泥状の詰め物でふさいだり、パイプをつないで漏れた原油を吸い上げたりする対応を試したが効果が得られず、掘削した井戸をふさぐために別の井戸を掘ってセメントを流し込む作業を進めた。しかしハリケーンが来たら海上に広がった原油が大西洋に広がるおそれがあり、マグロやエビなどの産卵場や漁場への影響も懸念される。大水深域の資源開発はコスト高であるが、原油埋蔵量が多く、メキシコ湾や西アフリカなどで掘削事業が増加している。しかしひとたび事故を起こしてしまうと、広範囲に及ぶ海洋汚染につながる。

（2）建設業における生物多様性への取り組み

　建設業は自然資源を大量に消費し、自然環境を直接改変するという特性があり、生物多様性に与える影響が大きい。建築物の設計段階・施行段階では、廃棄物の削減、温室効果ガス排出量の削減、省エネルギーの施行などの環境配慮は行っているが、生物多様性についての課題は山積している。建設業は、土地造成、ダム、橋梁など様々な工種があり、生物多様性との関わりは多岐に及んでいるが、そのメカニズムに関する科学的データが不足してお

り、影響の測定が難しい。このような状況において、日本では 1997 年に環境影響評価法（通称、環境アセスメント法）が制定され、環境影響の調査・予測および評価を行い、より適正な環境への配慮を確保することが要求されるようになった。そこで、建設業における生物多様性に関わるリスクとチャンスを考察する。

①ビジネスリスク

建設業では開発に伴う自然資源の調達・採取の過程において、生物多様性の損失リスクと直面する。法律に則った適切な対応を怠ると、施工の中断や手戻りなどの操業リスクとなる。またこれにより信用の失墜リスクを招く。

このほか建設業における生物多様性のリスクには、外来種に関するリスクがある。たとえば法面緑化工事では、土砂流出防止や景観保護の観点から、できるだけ早期に緑化することが優先課題とされてきた。早期緑化の材料として、外来種子である洋芝の種子が多く用いられるが、これらの外来種子が侵略的外来種（インベーシブ・スピーシズ）として周辺の地域固有の植生などに悪影響を及ぼすことが懸念される。これを防止するためには、植栽に関するリスク情報を共有化し、生物多様性に悪影響を与えにくい適切な材料を選択できる仕組みが求められる。

また、遺伝子の多様性に関するリスクも顕在化している。近年各地でビオトープが整備されているが、生物種の導入において不適切な事例がある。ゲンジボタルの生息環境の整備において、異なる地域のゲンジボタルを購入し放した。しかし発光間隔は、東日本のゲンジボタルが約 4 秒であるのに対し、西日本のゲンジボタルは約 2 秒と異なるため、他地域のホタルが混在することにより生物多様性に悪影響がもたらされる。

生息生物保全のため、安全な移動経路を確保するアニマルパスの設置事例も増加している。しかし両生類の移動経路確保のためアンダーパスを設置し

た事例では、吸盤のない種が構造物から這い出すことができず、逆に生息域が減少してしまうケースがあった。生物生息環境の整備においては、事例ごとに専門家を交えて十分な検討やモニタリングを行い、順応的な管理が必要である。これらのリスクは、対応が遅れると生物多様性・生態系に悪影響を及ぼすだけでなく、現況復旧・やり直しなどによる工期の遅れやコスト上昇を招き、発注者や社会からの信頼を失う。建設業においては、このような生物多様性に関するリスク管理が必須である。

②ビジネスチャンス

　建設業が生物多様性・生態系から恩恵を受けている生態系サービスという観点から、建設プロジェクトの付加価値向上を検討する。生態系サービスを顕在化・定量化することにより、建設業における新たな収益機会の創出につながり、次のようなビジネスチャンスの可能性がある。

　東京都において、総面積のうち大規模な緑地の占める割合が高い区（港区・渋谷区など）では、その他の区と比較して地価が安定している。ヴィンテージマンションのランキングを見ても、ランキング上位の物件は明治神宮や白金自然教育園など、生物多様性が豊かな緑地に隣接している。また医療建築の分野では、エビデンスに基づいた設計であるエビデンスベースドデザイン（Evidence Based Design）と呼ばれる設計手法が広まっている。たとえば、Ulrich［1993］では「美しい自然景観を見ると痛みが和らぐ、もしくはきつい痛みに耐えることができる」という研究が発表されており、病院周辺の環境整備や病室からの景観整備に応用されている。森林浴においても、規模が大きく樹種が豊かで、鳥や虫の種類が多い森林ほどリラックス効果が高いことが指摘されている。このようなエビデンスを用いた医療分野の施設の新しい付加価値が、今後大きなビジネスチャンスになる可能性がある。

　このほかにも生態系サービスには、気候の調整、大気の調整、侵食防止な

ど多様な調整機能がある。これらの調整機能を人工物で代替すると、初期投資および維持管理において多大なコストがかかる。オフィスや住宅に質・量ともに十分な緑地を整備することにより調整機能を充実させ、人間にとって快適な環境づくりと生物多様性とを両立させる付加価値提案が求められている。生物多様性保全自体を目的とする自然再生事業に加えて、上述のような生態系サービスを活用した新提案は、建設業におけるビジネスチャンスと考えられる。

③生物多様性への取り組み事例

　鹿島建設株式会社では、2005 年に建設業で初めて生物多様性ガイドライン（2005 年「鹿島生態系保全行動指針」、2009 年に「鹿島生物多様性行動指針」に改訂）を策定し、建設事業を通じた生物多様性の保全と再生を掲げ、研究開発や事業の提案によりその実現を目指している。鹿島建設が行動指針に基づき生物多様性への取り組みを進めるうえで、特に注力しているのが都市域における生物多様性の保全である。都市域ではエネルギーの 75％以上を消費している。特に日本の都市は人口密度が高くエネルギーや食料の自給率が低いため、生物多様性がもたらす生態系サービスが貴重な資源となる。生態系サービスを持続的に利用できる街づくりが求められる。

　また大成建設は、ビルや商業施設の建設計画が動物や昆虫などの生物に与える影響を簡易評価できる技術を開発した。地形図や衛星画像、生物の分布などのデータベースを組み込んだシステムにより、計画地周辺の草地などの自然環境を把握し、建設地に植える樹木の数や面積などの緑化計画のデータを入力すると、周辺の生物の種類について建設前後の変化を推計できる。

（3）電機産業における生物多様性への取り組み

　主要な電機産業においても、生物多様性への取り組みが推進されている。

大手電機メーカーは、取引先や製品の評価基準に生物多様性保全の視点を導入するようになっている。

① リコーグループの事例

　リコーグループは、先駆的に 1998 年ごろから本格的に生物多様性保全への取り組みの検討を始めた。1999 年から生物多様性が豊かでありながら危機的な状況となっている世界各地の森林の保全・回復を目指す「森林生態系保全プロジェクト」を開始し、現在も国内外で 6 つのプロジェクトを実施している。また同じく 1999 年から、社員が地球市民の意識を持ち主体的に社内外で生態系の保全活動を推進することを目的とした「リコー環境ボランティアリーダー養成プログラム」を開始した。国内外の生産工場や販売会社がそれぞれの地域で生物多様性の保全を積極的に行い、地域社会から信頼を得られる活動を環境行動計画の一環として進め、世界の各地域で顧客、NGO、行政機関などのステークホルダーと連携した生物多様性保全の環が広がっている。

　事業活動においては 2002 年に FSC 認証紙を導入し、コピー用紙の一部として取り揃えた。2003 年には保護価値の高い森林（High Conservation Value Forests：HCVF）（1．オールドグロス林、2．原生林、3．絶滅危惧種の生物が生息する自然林、4．生物多様性保護などの理由により複数の環境保護団体が保護を求めている森林）の保護を目的に「リコーグループ製品の紙製品の調達に関する環境規定」を定め、これらの森林からの調達を抑止した。2009 年には「リコーグループ生物多様性方針」を制定し（図表 3-17 参照）、持続可能な地球環境の上に成り立つ真に豊かな社会の構築を目指し、これまでの地球環境保全活動に生物多様性への取り組みを併わせた具体的な活動を推進・展開するようになった。この方針に基づき、事業活動による生物多様性への影響を減少させ、その保全に貢献する活動を推進している。

図表 3-17　リコーグループ生物多様性方針

基本方針	
私たちは生き物の営みによる恩恵を得、生物多様性に影響を与えながら事業活動を行っているという事実を踏まえ、生物多様性への影響を削減するとともに生物多様性保全に貢献する活動を積極的に行う。	
1．経営の課題	生物多様性保全を企業存続のための重要課題の一つと捉え、環境経営に取り込む。
2．影響の把握と削減	原材料調達を含む事業活動全体における生物多様性への影響評価、把握、分析、数値目標を行い、その影響の継続的な削減に努める。
3．進め方	生物多様性と、事業の視点により、影響・効果の高い施策から優先して取り組む。
4．技術開発の促進	持続可能な社会の実現を目指して、生物資源を利用する技術開発、生態系の仕組みや生物の成り立ちを学び、その知恵を活かした技術開発、生産プロセスを推進する。
5．地域との連携	世界に残る貴重な生態系と、事業を行う国・地域の生物多様性を保全する活動を、行政機関のみならず、地域住民、NGO などステークホルダーと共に持続可能な発展の視点を持って推進する。
6．全員参加の活動	経営者の率先した行動と全社的な啓発施策により、すべての社員の生物多様性への理解と認識を高め、自主的な保全活動につなげる。
7．環の拡大	お客様、仕入先様、他の企業、NGO、国際組織などと連携した活動により、生物多様性についての情報・知見・経験を共有し、生物多様性保全活動の環を拡げる。
8．コミュニケーション	自らの活動、成果の具体的内容を積極的に開示することにより社会の生物多様性保全活動の気運向上に貢献する。

出所：RICOH ウェブサイト https://jp.ricoh.com/ecology/management/principle2.html（2022/09/03 閲覧）。

2010 年には、「紙製品の調達に関する環境規定」(2003 年制定) を発展させ、紙製品以外の木材原料を対象に含めるとともに、適用範囲をグループ全体に拡大した「リコーグループ製品の原材料木材に関する規定」を制定した。この規定は、リコー／リコーファミリーブランドの紙製品（PPC 用紙、感熱紙など）および製品の付随品で木材を原料とするもの（マニュアル類・放送財・緩衝材・パレットなど）に適用され、製造に当たり HCVF が破壊

されることを防ぐ。その内容は、原材料供給事業者に対する要求事項に及び、本規定の要求を満たさない供給業者との取引停止規定を含む。

②　パナソニックの事例

パナソニックでは、国際環境 NGO のバードライフ・インターナショナルに製品の機能や原材料調達が生態系に及ぼす影響や貢献度の分析を委託しているが、委託した製品評価結果が転機となり、生物多様性保全をグループ横断的なプロジェクトとして取り組み始めた。

薄型テレビ「ビエラ」は竹繊維を振動板にしたスピーカーを搭載しているが、竹は繁殖力が強く周辺の植物を駆逐するため、竹を活用した点が生物多様性の低下防止につながると評価された。また蛾などが好む光の波長をカットした「ムシベール」は、当初は虫嫌いの人向けの商品であったが、明りに誘われて疲弊して死ぬ虫が減り、虫を餌にする鳥などへの影響も抑制され、生態系維持に寄与する。2003 年の発売時には想定していない結果であるが、売り方を見直し、新しいキャッチフレーズを「人にも虫にも優しい明り」とした。このほか、イチゴの病気発生を抑制する照明システムには、農薬の使用量を減らす効果がある。このように、生物多様性という新しい視点から浮かび上がった付加価値を販売促進に生かしている。さらにパナソニックは、環境配慮製品認定の社内基準を改定して「他社にない方法で生物資源を利用した商品」を追加し、竹繊維スピーカーを対象第 1 号とした。

③　富士通の事例

富士通は毎年、主要取引先を品質、技術、環境対応などから総合評価しているが、環境の評価項目に生物多様性保全を盛り込んだ。設備、工事などを含む製品・サービス全般の調達を対象としたグリーン調達基準を改定し、生物多様性保全の取り組みを取引要件に加えた。生物多様性保全への対応状況

を3段階で評価し、第1段階は環境報告書などで取り組み方針を外部に宣言・公表している、第2段階は専門部署や責任者を置いて組織的に実践している、第3段階は取引先なども巻き込み活動している、というものである。半導体メーカーなど主要な部材調達先約350社に対して、全社実施を管理目標とした。具体的な取り組み例などを盛り込んだ手引書の配布や専門スタッフによる指導で取引先を支援する。評価結果は同業他社と比較する形で取引先に伝え、サプライチェーン全体で生物多様性への取り組みを強化する効果を思設けている。

④　東芝グループの事例

東芝グループでは、長期環境ビジョンとして「環境未来ビジョン2050」を策定し、その実現をめざして「環境アクションプラン」を策定している。2021年度から2023年度を活動期間とする「第7次環境アクションプラン」では、「気候変動への対応」「循環経済への対応」「生態系への配慮」の3分野での取り組みを推進している。「生態系への配慮」の重要な活動項目として生物多様性保全活動を捉え、「5つの活動テーマ」と「3つの拡大・深化ツール」を掛け合わせて（図表3-18参照）、地域に密着した生物多様性保全活動を、グローバル62拠点（米国2件、欧州1件、中国7件、アジア11件、日本41件）で推進している。

4．企業における生物多様性評価

2010年COP10以前は、日本企業の生物多様性への取り組みは他の環境分野と比較して遅れていた。主な理由として、生物多様性は科学的に不確実性が高いこと、生物多様性保全への取り組みを客観的に評価する基準が確立していなかったことが挙げられる。

図表 3-18　東芝グループ　生物多様性保全活動の「5つの活動テーマ」×「3つの拡大・深化ツール」

活動テーマ	拡大・深化ツール
Theme 1 **生態系ネットワークの構築** ビオトープの構築、同構築を目的とした植樹	**Tool 1** **連携** 行政、NPO/NGO，地域住民、従業員など様々なステークホルダーとの協働による、取り組み内容の拡大・深化
Theme 2 **希少種の保護、生息域外保全** 事業所内外における希少な動植物の保護	**Tool 2** **教育** 近隣学校への出前授業、市町村主催勉強会、社内教育における活動事例紹介など
Theme 3 **海洋プラスチック問題への対応** 事業所周辺・海岸・河川の清掃、食堂や売店などでの使い捨てプラスチックの削減など	**Tool 3** **広報** 社内外ウェブサイト・レポートでの活動紹介、社外表彰・認証への応募、行政・団体主催による各種プログラムへの登録など
Theme 4 **気候変動への対応（緩和・適応）** 気候変動の緩和、防災・減災を目的とした植樹、堰づくり、緑のカーテン設置など	
Theme 5 **水の保全** 海岸や河川の清掃、植樹による水の涵養など	

出所：東芝ウェブサイト　https://www.global.toshiba/jp/environment/corporate/biodiversity-database.html（2022/09/04 閲覧）。

　しかし近年、企業の生物多様性への取り組みを数値化して評価する手法の開発が試みられている。その一例として、企業と生物多様性イニシアティブ（Japan Business Initiative for Conservation and Sustainable Use of Biodiversity: JBIB）[16] では、2010 年に事業所の土地利用が生態系保全に役立っているかを評価する共通手法を開発した。これに対してパナソニック、

竹中工務店、三井住友海上火災保険、花王、リコー、帝人など33社が、それぞれの事業所の生物多様性の生息条件への適合状況を評価するために導入した。工場、オフィスなど土地の用途を問わずに利用でき、平面図や植木のリストを見ながら一般社員でも容易に採点できる仕組みとし、評価手法を会員企業で共有した。

　評価方法は、緑地比率など18項目を計100点満点で採点するもので、緑地比率のほか、高木と低木のバランスや、敷地周辺の緑地とのつながり具合などを評価する採点簿として作成した。図表3-19に示すように、「生物多様性に貢献する環境づくり」に10項目合計69点、「生物多様性に配慮した維持管理」に5項目合計24点、「コミュニケーション活動」に3項目合計7点が配点される。たとえば、緑地比率には10点を配し、40％以上なら満点などと採点する。高木や低木が混在しているか、地域の在来種が植えられているかなども問う。パナソニックの事業所などで試験的に評価したところ、得点は20〜50点台で、人工の池を設けていても生物が移動しにくい垂直の護岸にしているなど、改善すべき点が多いことがわかった。原材料などの供給源である自然が破壊されるのを防ぐため、生態系保全を取引先選別の条件にするようになっており、企業は新たな生物多様性評価を模索している。他の企業にも広く無償公開し、産業界全体での普及を目指している。

　以上みてきたように、各産業における生物多様性への取り組みは急速に推進されている。特に2010年は「生物多様性年」と位置づけられ、COP10における「名古屋議定書」「愛知目標」に対応するため、その取り組みを定量評価する手法も開発されてきた。2021，22年のCOP15は新型コロナウイル

---

16)　生物多様性保全を目指す日本企業の集まりとして2008年に発足した。生物多様性の保全に関する共同研究を国際的な視点から行い、その成果に基づき他の企業やステークホルダーとの対話を図ることで、生物多様性保全に役立つ活動を行っている。生物多様性保全に取り組む日本企業による新たな流れとして注目されている。

図表 3-19　JBIB による事業所の生物多様性の評価項目例
（土地利用通信簿）

生物多様性に貢献する環境づくり	
評価項目	配点
緑地面積の割合	10
樹木の階層構造	10
土壌の厚みと質	10
周辺緑地とのつながり	7
緑地の配置	7
水辺環境の創出	7
ほか4項目	18
合計	69
生物多様性に配慮した維持管理	
指標生物のモニタリング	10
化学物質リスクの低減	5
ほか3項目	9
合計	24
コミュニケーション活動	
地域・専門家との連携	3
ほか2項目	4
合計	7
合計（18項目）	100

ス感染拡大のため開催が延期され、またオンラインと対面の2部構成となったが、ポスト愛知目標として 2030 年までの目標が宣言された[17]。次節では、本節で論じてきた企業による生物多様性への取り組みに対する会計的インプリケーションを探り、会計的アプローチによる問題解決を検討していく。

---

17)　本章第2節2項（2）参照。

第5節　生物多様性の会計

　本章第1節3項「生物多様性の経済価値」で論じたように、生物多様性や生態系サービスには多大なる経済価値がある。また第4節2項「企業経営と生物多様性」で論じたように、生物多様性は企業にとって重大なビジネスリスクであると同時にビジネスチャンスでもある。企業は生物多様性に与える影響とそこから生じるリスクを把握・管理し、さらに生態系サービスの持続可能な利用を図ることにより、生物多様性を新たなビジネスチャンスとすることが可能であり、長期的な視点に立った企業自体の便益と持続可能な発展との両立を達成する。そして同3項「各産業における生物多様性保全活動」では、生物多様性に対して企業はどのように取り組んできているのかを産業ごとにみてきた。そこから、企業における生物多様性への取り組みは、環境問題、社会問題への取り組みであると同時に、企業の財務情報とも密接に関連しており、その影響に留意して経営に取り入れていくことが重要であることが認知された。

　このように、企業の生物多様性への取り組みは環境パフォーマンスを向上させるのみならず、企業の財務パフォーマンスにも影響を与えるため、企業の生物多様性情報の開示に対する要求が急速に高まっている。そこで本節では、企業による生物多様性情報の開示状況を明らかにしたうえで、その会計的インプリケーションを探り、環境会計、環境財務会計、統合報告という分野において、会計的アプローチにより生物多様性問題への解決可能性を検討する。

１．企業による生物多様性情報の開示

　一般に、企業による生物多様性情報の開示は、環境（CSR ／サステナビリティ）報告書または統合報告書によって行われている。日本で唯一の環境（CSR ／サステナビリティ）情報に関する報告ガイドラインである環境省『環境報告ガイドライン 2018 年版』（最新版）では、「主な環境課題とその実績評価指標」の中の「３.生物多様性」において次のように述べている。「持続可能な社会への移行を進めるうえで、生物多様性の基盤となる生態系を保全し、その恵みを将来にわたって享受できる自然共生社会の実現が不可欠であり、事業者は事業活動を通じて国内外の生物多様性と深く関わるため、事業活動における生物多様性の保全は重要な環境課題です」[18]。そこでは、生物多様性に関する具体的な報告事項を図表3 -20 のように示している。

　企業は、製品やサービスを通じて、自然の恵みである生態系サービスを社会に供給する重要な役割を担っている。企業は直接的あるいは間接的に生物多様性の恩恵を受けるとともに、生物多様性に影響を与えている。企業は、事業活動が生物多様性に及ぼす影響を把握し、その低減および原材料調達や遺伝情報の活用において、持続可能な利用が求められている。前節でみてきたように、生物多様性の保全や生態系サービスの持続可能な利用にはリスク

図表3 -20　生物多様性に関する報告事項

☐　事業活動が生物多様性に及ぼす影響
☐　事業活動が生物多様性に依存する状況と程度
☐　生物多様性の保全に資する事業活動
☐　外部ステークホルダーとの協働の状況

出所：環境省［2018］p. 24。

---

18)　環境省［2018］p. 24。

とチャンスが存在している。たとえば、原料調達に関わるリスクを把握し低
減することにより、資源戦略において経営の安定化が期待される。しかし生
物多様性は自然における不文明な均衡によって成り立っており、科学的に解
明されていない事象も多い。事業活動の生物多様性に対する影響は、多様な
要因が複雑に関係し長い期間を経て顕在化してくるため、生物多様性の保全
および持続可能な利用に当たっては、長期的な観点から対応する必要があ
る。

　環境省［2012］109 頁に基づいて生物多様性の保全と持続可能な利用への
取り組みを考えると、まず優先順位の高いものから順次取り組む。そして環
境マネジメントシステムに生物多様性への配慮を組み込んだり、サプライ
ヤーなど他の企業と協力した取り組みを実施する。また企業単独ではなく、
他の事業者や、NGO ／ NPO、研究者、地域住民、国、自治体その他の関係
者など多様な主体と連携することで効果を高める。このように段階的に取り
組むことによって着実に成果をあげ、将来にわたって継続していくことが期
待される。

2．生物多様性と環境会計

（1）生物多様性の会計的インプリケーション

　企業活動に対して伝統的な企業会計が発展してきた。ただし伝統的な企業
会計は、企業という経済主体の活動に伴う企業内部の経済性に着目し、その
財務的変化を認識する。つまり取引と呼ばれる形態によって生じる企業内部
のキャッシュフローという内生的要因を認識・測定・開示する。しかし企業
による環境負荷の蓄積が重大な生物多様性問題として顕在化し（本章第 1 節
で論述）、企業はこれら外生的要因である生物多様性問題に対して国際的な
らびに国家としての対応を迫られるようになり、持続可能な開発を目指して

事業活動を行うことが要求されるようになった（第2節、第3節で論述）。企業の生物多様性への対応が起因する要因には、直接的および間接的に生じる多様なビジネスリスクがあるが、これらのリスクに適切に対応することにより、多様なビジネスチャンスともなる（第4節2項で論述）。企業はこのように生物多様性問題という直接的ないしは間接的要因による外部不経済を内部化し（第4節3項で論述）、それら生物多様性への対応を環境（CSR／サステナビリティ）報告書ないしは統合報告書によって開示するようになってきた（本節1項で論述）。

　企業が外部不経済を内部化することにより起こる活動は、従来の企業内部の経済情報を財務会計基準に則って認識・測定・開示する伝統的会計では処理しきれない。つまり外生的要因を内生的要因の展開として捉えたうえで認識・測定・開示するという、新たな会計の必要性が見出される。現在このような会計領域は、環境問題・社会問題という外生的要因を広義に捉え、「環境会計」「CSR／サステナビリティ会計」等の呼称で確立してきているが、本書では外部不経済を内部化したうえで認識・測定・開示する会計領域全般を「環境会計」と呼ぶこととする。

（2）生物多様性と環境会計

　環境省『環境会計ガイドライン』2005年版はCOP10よりも5年前の刊行であるため、「生物多様性」という言葉自体が使用されていない。また企業側でもCOP10以前は、環境保全活動は積極的に行っていても、それが生物多様性への対応につながるという認識が薄く、生物多様性情報の開示という意識は低かった。しかし生物多様性問題は環境問題の全領域にわたる広範かつ深刻な応用問題であり、環境会計ガイドラインの枠組みにおいて非明示的に、その認識・測定・開示がなされているはずである。そこで第2章第2節3項で述べた環境会計の3つの要素—環境保全コスト、環境保全効果、環境

保全対策に伴う経済効果─に生物多様性を適合させて考察していく。

① **生物多様性保全コスト**

　生物多様性保全コストは、生物多様性負荷の防止、抑制または回避、影響の除去、発生した被害の回復またはこれらに資する取り組みのための投資額及び費用額であり、貨幣単位で測定される。これは生物多様性に関するビジネスリスク〔第4節2項（1）〕に大いに関連する事項である。環境会計ガイドラインにおける環境保全コストの「事業活動に応じた分類」に則して考えると、事業活動を生物多様性に対する負荷との関係から、主たる事業活動（財・サービスの購入から製造、流通を経て、販売または提供に至る一連の事業活動のうち、管理活動、研究開発活動、社会活動を除いた部分）、管理活動、研究開発活動、社会活動およびその他の領域に分け、各生物多様性保全コストを該当する事業活動に分類する。

　生物多様性問題が、すべての環境問題の蓄積であり、環境問題の多面的・複合的な応用問題だとすると、すべての環境問題が行き着く先であり、それ

図表3-21　生物多様性保全コストの「事業活動に応じた分類」

分　　類	内　　　容
事業エリア内コスト	主たる事業活動により事業エリア内で生じる生物多様性負荷を抑制するための生物多様性保全コスト
上・下流コスト	主たる事業活動に伴ってその上流又は下流で生じる生物多様性負荷を抑制するための生物多様性保全コスト
管理活動コスト	管理活動における生物多様性保全コスト
研究開発コスト	研究開発活動における生物多様性保全コスト
社会活動コスト	社会活動における生物多様性保全コスト
生物多様性損傷対応コスト	生物多様性損傷に対応するコスト
その他コスト	その他生物多様性保全に関連するコスト

出所：環境省［2005］p. 12を参考にして作成。

に対する保全コストも、図表 3 -21 のすべての事業活動に関連する。まず
「事業エリア内コスト」においては、公害防止コスト、地球環境保全コスト、
資源循環コストのすべてに関連すると考えられる。また「上・下流コスト」
においては、グリーン購入、製品・商品等の回収、リサイクル、再商品化、
適正処理のためのコストは生物多様性に直接関連するコストである。「管理
活動コスト」においては、事業活動に伴う自然保護、緑化、美化、景観保持
等の環境改善対策のためのコストの関連性が高い。さらに「社会活動コス
ト」は、企業の事業活動に直接的には関係のない社会活動における生物多様
性保全の取り組みのためのコストであり、事業所を除く自然保護、緑化、美
化、景観保持等の環境改善対策のためのコスト、生物多様性保全を行う団体
等に対する寄付・支援のためのコスト、地域住民の行う生物多様性保全活動
に対する支援及び地域住民に対する情報提供等の各種の社会的取り組みのた
めのコスト等であり、すべてが直接的または間接的に生物多様性に関連す
る。

②　生物多様性保全効果

　生物多様性保全効果は、生物多様性負荷の防止、抑制または回避、影響の
除去、発生した被害の回復またはこれらに資する取り組みによる効果とし、
基本的に物量単位で測定する。実務上、生物多様性保全コストをかけたこと
により、どのような生物多様性保全効果をあげたかを特定し測定することは
難しいが、環境会計ガイドラインに則して考えると、図 3 -21「事業活動に
応じたコストの分類」との関連から、生物多様性保全効果は次の 4 つに分類
される。
　①事業活動に投入する資源に関する生物多様性保全効果には、主に事業エ
　　リア内コスト、上・下流コストに対応した効果が該当する。
　②事業活動から排出する生物多様性負荷に関する生物多様性保全効果に

は、主に事業エリア内コストに対応した効果が該当する。

③事業活動から産出する財・サービスに関する生物多様性保全効果には、
　主に上・下流コストに対応した効果が該当する。

④その他の生物多様性保全効果には、その内容に応じて、管理活動コス
　ト、研究開発コスト、社会活動コスト等に対応した効果が該当する。

　上記それぞれについて、「環境パフォーマンス指標ガイドライン」[19] 等で
示された環境パフォーマンス指標を用いて測定する。図表3-22は、事業活
動との関連ごとに環境パフォーマンス指標を用いて生物多様性保全効果を表
したものである。企業は、それぞれのケースに応じて、生物多様性保全効果
の把握・評価に有効な指標を選択し活用する。生物多様性保全効果を把握す
る指標の選択に当たっては、環境パフォーマンス指標が企業の生物多様性負
荷の低減を適切に表現できる指標であるか否かに留意する。また環境パ
フォーマンス指標で生物多様性保全効果を表現する場合、物量の減少値で表
すことになるが、指標によっては増加値や比率を用いることもできる。物量
数値で表す場合は、基準期間と当期との生物多様性負荷の総量の差として算
定する。なお、原単位で比較した差を併記することもできる。比率で表す場
合は、基準期間と当期との比率およびその差を算定する。

　しかしこれは一般的な環境問題に関して策定されたものであり、これによ
り生物多様性保全コストと生物多様性保全効果を全て対応させることは困難
である。生物多様性問題に関しては、この分類に該当しない、より外部の広
範な対応が考えられる。したがってコスト対効果を把握する観点から、企業
の事業活動、財・サービスが生物多様性に与える影響を、より具体的に表す
生物多様性パフォーマンス指標を新たに設定することが必要となるであろ

---

19)　環境省『事業者の環境パフォーマンス指標ガイドライン―2002年版―』(2003年4
　　月発行) では「生物多様性」という言葉自体は使用されていないが、それに関連する指
　　標は多数含まれている。

図表 3 -22　生物多様性保全効果の分類とその測定のための環境パフォーマンス指標（事業活動との関連による区分の例）

生物多様性保全効果の分類	環境パフォーマンス指標（単位）
① 事業活動に投入する資源に関する生物多様性保全効果	総エネルギー投入量（J） 種類別エネルギー投入量（J） 特定の管理対象物質投入量（t） 循環資源投入量（t） 水資源投入量（㎥） 水源別水資源投入量（㎥）
② 事業活動から排出する生物多様性負荷及び廃棄物に関する生物多様性保全効果	温室効果ガス排出量（t-CO₂） 種類別又は排出活動別温室効果ガス排出量（t-CO₂） 特定の化学物質排出・移動量（t） 廃棄物等総排出量（t） 廃棄物最終処分量（t） 総排水量（㎥） 水質（BOD、COD）（mg/l） NOx、SOx 排出量（t） 悪臭（最大濃度）（mg/l）
③ 事業活動から産出する財・サービスに関する生物多様性保全効果	使用時のエネルギー使用量（J） 使用時の生物多様性負荷物質排出量（t） 廃棄時の生物多様性負荷物質排出量（t） 回収された使用済み製品、容器、包装の循環的使用量（t） 容器包装使用量（t）
④ その他の生物多様性保全効果	輸送に伴う生物多様性負荷物質排出量（t） 製品、資材等の輸送量（t・km） 汚染土壌の面積、量（㎡、㎥） 騒音（dB） 振動（dB）

出所：環境省［2005］p. 23 を参考にして作成。

う。第 4 節 4 項で論じたように、日本国内の先進的な企業実務においては、生物多様性に関する定量評価指標が開発されるなど意欲的に取り組まれており、今後も企業活動を適切に表す生物多様性パフォーマンス指標の開発が期待される。

③　生物多様性保全対策に伴う経済効果

　生物多様性保全対策に伴う経済効果は、生物多様性保全対策を進めた結果、企業の利益に貢献した効果であり、通常貨幣単位で測定する。これは生物多様性がもたらすビジネスチャンス〔第４節２項（２）〕と大いに関連するものである。

　生物多様性保全対策に伴う経済効果は、その根拠の確実さの程度によって、実質的効果と推定的効果とに分けられる。実質的効果は確実な根拠に基づいて算定される経済効果とし、推定的効果は仮定的な計算に基づいて推計される経済効果とする。特に推定的効果は、経営管理上有用な情報であり、生物多様性保全の取り組みが企業の利益に貢献する可能性が広く示されるので、生物多様性保全対策を進めるうえでの判断の一助になる。しかし推定的効果の推定結果には不確実性が伴うので、不確実性を最小限に抑えるためには、根拠となる前提条件を十分に吟味し、明確にすることが必要である。

　以上、環境省「環境会計ガイドライン」に基づき、生物多様性に関する環境会計を考えてきた。企業における生物多様性に関する重要な経済情報が環境会計の枠組みによって開示されることにより、情報の利用者は企業等の生物多様性への具体的な対応を総合的に理解することができる。環境会計はそのような可能性を有するものであるが、実際には生物多様性問題は多くの環境問題に関連しており、それらを全て別個に取り出し区別することは不可能である。したがって環境会計ガイドラインに示されているフレームワークにおいて、生物多様性関連情報を全て明確に位置づけることはできない。しかし生物多様性問題の重要性を鑑みれば、生物多様性保全に対する継続的な取り組みとともに、その取り組みをより促進させていくための情報開示の枠組み作りを促進していく必要がある。

　また国際的には 2021 年に「自然関連財務情報開示タスクフォース

（Taskforce on Nature-related Financial Disclosures: TNFD）が設立され、
その最終提言 v1.0 が 2023 年 9 月に公表される予定である。企業は自然が
提供する生態系サービスに依存しており、自然ならびに生物多様性の損失は
企業にとってリスク要因である。TNFD 提言に基づき、これらのリスクを
適切に管理し、生物多様性を保全し持続可能に利用していくことが、企業に
とってチャンスとなる。しかし現在ほとんどの企業は、意思決定において生
物多様性に関連するリスクとチャンスを考慮に入れていない。今後 TNFD
提言が国際的に浸透することにより、生物多様性に関するリスクとチャンス
がグローバルに認識され、対応が向上することが期待される。

3．生物多様性と環境財務会計

（1）生物多様性保全コストと生物多様性保全効果・経済効果の評価と連関

　生物多様性情報は財務会計制度にはどのように取り込まれるのか。生物多
様性保全コストのうち、会計的取引であり財務的変化をもたらすものは、費
用、損失、投資として財務諸表に計上されるが、如何に認識されるかはコス
トと効果（経済効果・生物多様性保全効果）との連関に依存する。まず経済
効果は実質的効果と推定的効果に分類されるが、財務会計では実現主義に基
き実質的効果のみが計上される。また実質的経済効果は収益と費用節減に分
類されるが、明示的に計上されるのは収益のみで、費用節減は最終的な純利
益の増加として間接的に認識される。この実質的経済効果と生物多様性保全
コストの関係を考えると、経済的便益が一会計期間内に留まるものは、費
用・収益対応の原則に基づき損益計算書に費用計上され、企業に将来便益を
もたらすものは資本化され貸借対照表に資産計上される。これらは共に負債
認識を伴う要因を有する。

　次に生物多様性保全コストの第一義的目的である生物多様性保全効果は、

企業における現在または将来の経済的便益ではなく、企業外の社会的コスト
に対応する社会的便益である（外部不経済の内部化）。基本的に財務会計は
環境会計のように外生的要因をそのまま認識することはなく、企業に財務的
変化をもたらす内生的要因のみを対象とするため、社会的便益である生物多
様性保全効果は認識・評価されない。また生物多様性保全効果自体は通常物
量で表されるため、単独で財務諸表に認識されることはない。つまり生物多
様性保全効果は財務情報としては評価されず、財務会計制度において生物多
様性保全コストの認識に影響を及ぼし得ない。生物多様性保全効果が巨額あ
るいは長期にわたる場合でも、生物多様性保全コストはその評価とは関係な
く費用計上され、支出した期のみの純利益を低下させる。生物多様性保全コ
ストが対象としている生物多様性問題は企業にとって外部不経済であるが、
企業がそれを内部化する時点で、外生的要因を内生的要因の展開として捉え
てコスト認識しており、生物多様性保全コストの認識には生物多様性保全効
果という社会的便益の評価及び連関が必須検討事項となる。会計基準設定に
生物多様性保全効果という社会的便益を取り込み、適正な基準設定が推進さ
れることを欣求する[20]。

（2）生物多様性負債計上のメカニズム

　生物多様性保全を目的とした債務は莫大な金額に上ることがあり、財務会
計における重要性も高い。今後生物多様性債務発生の可能性ならびに損害賠
償リスクが増加することが予想される。しかし生物多様性に関連した債務は

[20]　環境保全コストの資本化要件については、U.S. Environmental GAAP FASB EITF
　　　 [1990] 90-8 *Capitalization of Costs to Treat Environmental Contamination* において、
　　　 従来の資本化要件a.資産の生産性・効率性の向上、またはb.資産の耐用年数の延長に加
　　　 えて、1.資産の安全性の向上、2.環境汚染の削減または予防、3.売却準備により発
　　　 生、を追加する基準設定がなされている。詳細は植田 [2008] pp.62-63、および pp.
　　　 169-173 参照。

長期かつ巨額であり、また責任当事者の因果関係が複雑で見積りが困難である。債務清算の時期および（または）方法に不確実性が高く、債務の公正価値の測定可能性が生物多様性負債計上における重要な論点となる。

① 債務の概念

　まず生物多様性負債認識の前提条件として、企業における現在の債務の概念を明確にしておく必要があるが、経営者の判断や恣意性、産業・地域・企業規模により差異の生じる可能性は排除し、法的債務およびそれに準ずるものを企業における現在の債務とすべきである。

② 負債認識要件

　将来事象に関する負債の認識・測定には多大な仮定・見積り・予測・判断が必然的に伴う。また生物多様性債務は個々の事例により特徴ならびに不確定要因が異なるため、負債測定に当たっては事例ごとに個別対応する必要がある。このような測定上の問題を有する生物多様性債務では、起こり得るシナリオごとの見積りキャッシュフローを発生確率に基づいて加重平均する期待キャッシュフロー・アプローチが有効である。この方法に基づく測定可能性を負債認識要件とすることにより、企業における現在の債務ではあるが不確実性の高さにより負債認識が推進されない生物多様性債務を、財務会計制度において認識する際の有効性が高まる。

③ 過去および将来の事業活動に起因する負債計上

　上記の①債務の概念、かつ②負債の認識要件に適合した生物多様性債務は、財務諸表に負債として計上される。過去の事業活動に起因する生物多様性負債は、負債認識時にすでに生物多様性破壊が発生しており、企業は発生させた生物多様性破壊に対して債務を負っている。したがって発生主義に基

づき損益計算書に生物多様性保全コストが計上される。

(借) 生物多様性保全コスト[21]（P/L, Exp.）×× (貸) 生物多様性負債（B/S, Lia.）××

　ここで計上した生物多様性保全コスト（P/L, Exp.）は、当期発生し企業
によってすでに費消された便益を提供するコスト（費用）であり、負債決済
の時期に関係なく、生物多様性負債認識時（＝生物多様性保全コスト発生
時）に費用計上され、当会計期間の利益測定に影響し企業価値（資本）を減
少させる。

　これに対して将来の事業活動に起因する生物多様性保全負債は、負債認識
時にはまだ生物多様性破壊は発生しておらず、企業は将来の事業活動に起因
する債務を負っている。したがって生物多様性保全コストは損益計算書に費
用計上するのではなく貸借対照表の資産としてストックする。

(借) 生物多様性保全コスト（B/S, Asset）×× (貸) 生物多様性負債（B/S, Lia.）××

　ここで計上した生物多様性保全コスト（B/S, Asset）は費用ではなく、
企業に将来便益を提供する未費消コスト（資産）であり、負債認識から決済
までの期間に徐々に費用化される。生物多様性負債認識時（＝生物多様性コ
スト発生時）には利益測定に影響せず企業価値（資本）は減少しない。

4．統合報告における生物多様性情報の開示

　一般に生物多様性情報は、環境（サステナビリティ／CSR）報告書に独
立して公表されるが、本節2項「生物多様性と環境会計」の最後に至った考

---

21)　生物多様性保全コストとは、生物多様性保全活動に伴い、生物多様性の価値の認識・
　　評価をも取り込んだ企業の財務的な変化である。状況によって投資、費用、損失として計
　　上し、場合によって負債の計上を伴う。

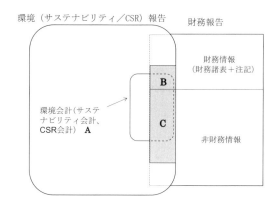

環境（サステナビリティ／CSR）報告　　財務報告

財務情報
（財務諸表＋注記）

B

環境会計(サステ
ナビリティ会計、
CSR会計)　A

C

非財務情報

図表 3 -23　財務報告と環境（CSR ／サステナビリティ）報告との統合

察では、その中の環境会計の枠組みにおける生物多様性情報の開示には限界
があった（図表 3 -23、A）。また 3 項「生物多様性と環境財務会計」では、
財務諸表に計上可能な生物多様性保全コスト・生物多様性負債等について、
財務会計基準に基づいて考察してきたが（図表 3 -23、B）、それらは限定的
である。またいずれにしても、財務報告と環境（サステナビリティ／ CSR）
報告という別々の報告を首尾一貫して読み解くことは困難である。そこで重
要性の高い生物多様性情報を非財務情報として統合し、首尾一貫した形で開
示することが望まれる（図表 3 -23、C）。ここまで見てきたように、広範囲
かつ複雑なテーマである生物多様性に対して、企業は意欲的に取り組み、そ
の実態を開示するために創意・工夫している。生物多様性問題の重要性を鑑
みれば、生物多様性保全に対する継続的な取り組みとともに、その取り組み
をより促進させていくための情報開示の枠組み作りが必要である。

　このような中、2013 年に国際統合報告評議会（International Integrated
Reporting Council: IIRC）が、*The International Integrated Reporting
Framework*（国際統合報告フレームワーク）（以下、IR フレームワーク）を
公表した[22]。その中で、統合報告を「組織による、長期的な価値創造に関

するコミュニケーションをもたらすプロセス」とし、その利用者を「財務資本の提供者」、目的を「財務資本配分の際の評価に資すること」としている。財務資本の提供者のなかでも、特に「長期的な視点を持つ」投資家に有益である。したがって統合報告は、長期的な投資に資するための自主的な情報開示といえる。

　これを生物多様性情報に適用すると、生物多様性問題はまさに長期的な視点に立たなければ結果が表れない事項であり、有価証券報告書のように一会計期間のみを対象としていたのでは成立しない。なお、統合報告書は長期投資家に加えて「組織の長期にわたる価値創造能力に関心を持つ全てのステークホルダーにとって有益」であり、長期投資家の関心は「他のステークホルダーの関心と長期的に整合する可能性が高い」とされる。つまり統合報告は投資家を含むすべてのステークホルダーを対象とする広範さを持ち、生物多様性情報を有益とする対象とリンクしている。そこで統合報告の一義的な読み手である「長期的な視点を持つ」投資家がどのような開示を求めているのかを考える。

　IR フレームワークの大きな特徴は、企業活動を、財務的資本、製造資本、人的資本、知的資本、自然資本、社会資本という6つの資本に依存するものと規定したことである。この6つの資本を「価値の蓄積であり、どのような形であれ組織のビジネスモデルへのインプットとなる。資本は組織の活動とアウトプットを通じて増減し、変換され、その活動とアウトプットによって向上、消費、調整、消耗され、又は別の形で影響を受ける」ものとしている。六つの資本の中に自然資本（大気、水、土壌、森林、生物多様性、生態

---

22)　2021 年に〈IR〉フレームワーク（2021 年 1 月版）が公表され、国際統合報告フレームワーク（2013 年 12 月版）は〈IR〉フレームワーク（2021 年 1 月版）に置き換わった。〈IR〉フレームワーク（2021 年 1 月版）は、2022 年 1 月 1 日より開始する報告書に対して適用されている。

系の健全性）が含まれているということは、自然資源は企業が収益獲得活動を行っていくうえで不可欠な資本であり、企業が持続可能な発展をしていくためには自然資源との関連に制約を課す必要があるからである。統合報告においても、企業のリスクならびにチャンスに結びつく生物多様性保全活動およびそれに伴うコスト・効果の情報開示の重要性は高い。

　しかし自然資本自体は、その大部分に法的所有者が存在しない。したがって自然資本の大部分は企業の財政状態において資本として認識されず、その利用はコスト認識されない。また自然資本の中でも、特に生物多様性や生態系は、その価値を適切に評価し、定量情報として測定することが難しい。しかし IR フレームワークがこのように認識・測定の困難な生物多様性や生態系に対する開示を求めているのは、長期的な視点に立った際の生物多様性破壊の重大さと、企業にとってのリスクの深刻さによると考えられる。自然資本における生物多様性や生態系は、その全体を価値として評価し定量化することは難しいが、IR フレームワークでは定量的な KPI と定性的（narrative）な情報とを併用していくことを示唆している。統合報告は将来の価値創造についての説明を求めているため、定量的な情報のみでは説明が困難であり、基本的に定性的な説明を軸とし、これを定量的な KPI で補完すべきというスタンスである。

　このように企業は生物多様性保全活動を通じた社会との関係改善や、環境負荷回避からもたらされる影響について、将来の業績見通しと関連づけて説明することが求められている。生物多様性保全に向けた対応の巧拙が企業価値の評価尺度として認識され、投資家はこうした情報を企業価値創造と結びつけ、透明性の高い開示を求めている。

　最後に IR フレームワークでは、情報の信頼性を高める手法として、「強固な内部報告システムや適切なステークホルダー・エンゲージメント、独立した外部保証」を挙げている。実際に、生物多様性情報を全体を通して監査

したり保証したりするのは現実的に困難であるが、専門家による評価・意見を開示することは望ましい。現在、環境（CSR／サステナビリティ）報告書で行われているように、会計専門家ではなく、各分野の専門家による「第三者意見」のような仕組みを構築することにより、企業が自らは開示したくないネガティブ情報の指摘機会が設けられるであろう。

　生物多様性問題は多様な環境問題が多面的・複合的に関係する応用問題であり、現在進行中の問題である。またそれらの因果関係が科学的あるいは論理的に整理しきれていないため、企業も自社事業との関係を網羅的に評価し効果的に取り組みことが困難であり、企業の生物多様性問題への対応自体も試行錯誤しながら行われている。しかし現在世代および将来世代に共有の自然資源を用いて事業活動を展開する企業は、企業内外のステークホルダーに対してアカウンタビリティを有しており、生物多様性に関する情報の開示は、アカウンタビリティを履行するうえでの重要事項の一つである。有用性の高い情報開示の開発が適正な企業評価につながり、企業の社会的信頼が高まる。

第6節　生物多様性の会計の展望― TNFD 提言―

　生物多様性問題は人類の存続をかけた重大な問題であり、その重要性の高さから、国際的および国家として取り組む必要があった。特に企業の取り組みおよび開示は内外のステークホルダーにとって、投資のみならず多様な場面において意思決定有用性が高く、会計対象とすべく必然性が見出された。しかし生物多様性問題は、すべての環境問題に関連する多面性・複雑性を有するため、画一化された会計の概念的枠組を策定することは困難である。そこで前節では、生物多様性情報の開示、環境会計、環境財務会計、統合報告

のそれぞれについて、生物多様性の会計の現状を明らかにし、情報利用者にとって有用な会計システムとするために取り組むべき課題と将来の方向性・展望を考察してきた。

　2021 年に、自然資本の破壊による事業リスクや生物・資源保全の取り組みについて企業に情報開示を求める「自然関連財務情報開示タスクフォース（TNFD）」が設立され、自然資本の価値を適正に評価・測定して情報開示する国際的枠組が策定されている。本章で取り上げた石油産業や建設業などは、生物多様性の保全・回復のために土地利用の規制強化を行うと事業に影響が出る。TNFD 提言では、こうしたリスクを早期に特定し、企業財務への影響の把握を促進する。

　TNFD の開示指針では、「気候関連財務情報開示タスクフォース（TCFD）の提言と同様に、「ガバナンス」「戦略」「リスク管理」「指標と目標」の 4 つの柱を基礎としている。ただしリスク管理においては、自然関連では特に依存関係および影響の特定が必要となるため、「リスクと影響の管理」としている。「ガバナンス」では自然破壊に関するリスクと事業機会に対する取締りの認知・監督を求め、「戦略」では企業の事業所や施設が重要な生態系や深刻な水不足の地域となっていないかを確認して公表することを求めている。「リスクと影響の管理」では、企業の土地や水の使用規制の考慮、およびリスク回避・軽減のための施策の開示などを求めている。たとえば食品加工会社が希少な魚を原料としている場合、絶滅に直面した場合のリスクを事前に想定し、企業財務に与える影響を開示することが求められる。また「指標と目標」では、リスクと成果を具体的な経済価値として投資家に開示することが求められる。

　図表 3 -24 は、以上 4 つの提言に対して、財務報告に記載すべき 14 の具体的な開示提言を示している[23]。TCFD 提言で求められる温室効果ガス排出量のように数値化できる指標が少ないのが課題であるが、企業活動による

図表 3-24　TNFD 自然関連情報の開示提言（v0.4 Beta framework より）

提言（4つの柱）	具体的な開示提言
【ガバナンス】 自然関連の依存、影響、リスク、機会に関するガバナンスの開示	A. 自然関連の依存、影響、リスク、機会に関する取締役会の監督について説明する。 B. 自然関連の依存、影響、リスク、機会の評価と管理における経営者の役割について説明する。
【戦略】 自然関連の依存、影響、リスク、機会が事業、戦略、財務計画に与える実際および潜在的なインパクトを重要な場合に開示	A. 短期、中期、長期にわたって特定した自然関連の依存、影響、リスク、機会について説明する。 B. 自然関連リスクと機会が、事業、戦略、財務計画に与える影響について説明する。 C. 自然関連のリスクと機会に対する戦略のレジリエンスについて、さまざまシナリオを考慮して説明する。 D. 直接的な事業活動、上流、下流、投融資先において、関連する場合には優先地域の資産や活動場所を開示する。
【リスクと影響の管理】 自然関連の依存、影響、リスク、機会をそのように特定、評価、管理しているかを開示	A.（ⅰ）直接的な事業活動において、治自然関連の依存、影響、機会を特定・評価するプロセスを説明する。 A.（ⅱ）上流・下流のバリューチェーンや投融資活動・資産における自然関連の依存、影響、リスク、機会を特定するためのアプローチを説明する。 B. 自然関連の依存、影響、リスク、機会を管理するためのプロセスと、プロセスに沿った行動を説明する。 C. 自然関連の特定、評価、管理のプロセスが、リスク管理にどのように組み込まれているかについて説明する。 D. 自然関連の依存、影響、リスク、機会に対する評価と対応において、影響を受けるステークホルダーがどのように関与しているかについて説明する。
【指標と目標】 自然関連の依存、影響、リスク、機会を評価し管理するために使用される指標と目標を、重要な場合に開示	A. 戦略およびリスク管理プロセスに沿って重大な自然関連リスクと機会を評価・管理している指標を開示する。 B. 自然への依存と影響を評価・管理するために使用する指標を開示する。 C. 自然関連の依存、影響、リスク、機会を管理するために使用している目標およびパフォーマンスを説明する。

出所：TNFD［2023a］p.24 に基づいて作成。

自然資源への影響と、生物多様性保全活動による生息数の変化などを、定量的に示す指標の開発が進められている。TNFD はこれまでの自然資本のマ

23）　TNFD では 2023 年 9 月に最終提言 v1.0 を公表予定である。本書では 2023 年 3 月公表の最終草案-β v0.4 に基づき作成している。

イナスをプラスにするための取り組みに関する情報開示の枠組であり、適用により自然リスクの情報レベルが向上する。また EU では環境に貢献するグリーンな事業を定めた「EU タクソノミー」の一分野に、「生物多様性と生態系の保護・回復」を含めている。

　世界中の市場から、透明性・比較可能性が高いサステナビリティ会計基準の要望が高まり、2021 年に国際財務報告基準（IFRS）財団が「国際サステナビリティ基準審議会（ISSB）」を設立した。IFRS 財団の下には国際会計基準審議会（IASB）があるが、IASB と ISSB は相互の独立性を尊重したうえで密接に連携し、ISSB は各国・地域のベースとなる包括的な枠組みとなる基準作りを進めている。ISSB では気候関連の基準策定が先行して行われ、2023 年に IFRS S1 号「サステナビリティ関連財務情報の開示に関する全般的要求事項と IFRS S2 号「気候関連開示」を公表したが、その後生物多様性を対象とした基準策定に取り組んでいる。TNFD 提言はグローバルフレームワークであり基準ではないが、ISSB は TNFD 提言を土台に置き、国や地域が異なる企業を横断的に比較できるグローバルスタンダードとして、市場主導型の実行性のあるサステナビリティ会計基準を確立することを目指している。それを受け、米国、EU、日本、インド、その他の国・地域で、サステナビリティ会計基準の策定において、生物多様性関連の情報開示が推進されていくものと考える。

第4章　自治体の環境会計
―川崎市上下水道局の環境会計事例を踏まえて―

第1節　自治体の行政施策

　地方自治体では、予算に基づいて施策を講じ、その執行状況について決算を行う。このような予算・施策・決算という一連のシステムにおいて、限られた財源により有効な施策を講じる必要があり、効率性・有効性の高さが要求される。さらに効率性・有効性の評価結果はフィードバックされ、次年度に継続させていく必要がある。つまり自治体行政では、予算に基づいて施策を講じ、その内容を点検・評価し、さらにその評価結果を次年度に連携させていくという循環が求められる。このような自治体行政およびそれに伴う自治体会計では、PDCA サイクル（Plan-Do-Check-Act cycle）が適切に循環し得るマネジメントシステムの確立が望まれる。

　2001 年に、総務省管轄の政策評価各府省連絡会議了承として「政策評価に関する標準的ガイドライン」が公表され、同年に財務省から「行政機関の行う政策の評価に関する法律」が公布された。当ガイドラインでは、政策評価の導入目的を次のように掲げている。

　1.国民に対する行政の説明責任（アカウンタビリティ）を徹底すること
　2.国民本位の効率的で質の高い行政を実現すること
　3.国民的視点に立った成果重視の行政への転換を図ること

　特に3.の「成果重視」では、「政策評価の実施を通じて、政策の実施のためにどれだけの資源を投入したか（インプット）、あるいは、政策の実施によりどれだけのサービス等を提供したか（アウトプット）の上に、サービス等を提供した結果として国民に対して実際どのような成果がもたらされたか（アウトカム）ということを重視した行政運営を推進することにより、政策の有効性を高めていく」[1] としている。

　また実際に政策評価を実施する際の観点として、「必要性」、「効率性」、

「有効性」を掲げ、特に、「効率性」(投入した資源量に見合った効果が得られるか)、「有効性」(政策の実施により期待される効果が得られるか)[2] を重視している点が特長的である。このように自治体の行政施策では、効率性ならびに有効性を重視した評価システムの導入が強化され、予算主義から結果重視の方向性をたどってきている。

第 2 節　自治体の環境保全施策

「地方公共団体は、住民の福祉の増進を図ることを基本として、地域における行政を自主的かつ総合的に実施する役割を広く担うものとする」(地方自治法第一編総則第一条の二)。自治体は、この住民の福祉という名の下に、地域における環境保全施策を推進する役割を担っている[3]。このことを規定した立法である「環境基本法」(1993 年制定)では、地方公共団体の責務として、「地方公共団体は、基本理念にのっとり、環境の保全に関し、国の施策に準じた施策及びその他のその地方公共団体の区域の自然的社会的条件に応じた施策を策定し、及び実施する責務を有する」(第一章総則第 7 条)と規定している。つまり自治体は、地域環境の質の向上を通じて、住民福祉の増進に寄与する環境保全施策を実施する責務を有しているのである。

環境基本法に基づき、1994 年に全体の環境保全に関する総合的かつ長期的な施策の大網を定めた第一次計画「環境基本計画」が策定され、2000 年に第二次計画「環境基本計画―環境の世紀への道しるべ―」、2006 年に第三

---

1)　政策評価に関する標準的ガイドライン 第 1「政策評価の目的及び基本的枠組み」より

2)　政策評価に関する標準的ガイドライン 第 2「政策評価の実施に当たっての基本的な考え方」より

3)　石津［2004］p. 215。

次計画「環境基本計画—環境から拓く 新たな豊かさへの道—」、2012 年に第四次計画「環境基本計画」、2018 年に第五次計画「環境基本計画」と 6 年ごとに計画が見直され策定され続けている。その中で、地域の活力を最大限に発揮する「地域循環共生圏」の考え方を新たに提唱し、各地域が自立・分散型の社会を形成しつつ、地域の特性に応じて資源を補完し支え合う取り組みを推進していくこととしている。

　また 2023 年には第五次環境基本計画を見直し、第六次環境基本計画の策定を進めている。2018 年第五次環境基本計画策定当時から世界情勢や環境問題を取り巻く社会経済の状況は大きく変化しており、日本では炭素中立（カーボンニュートラル）、循環経済（サーキュラーエコノミー）、自然再興（ネイチャーポジティブ）の同時達成と、環境・経済・社会の統合的向上の実現のため、2030 年および 2050 年という中長期目標の達成に向けて取り組んでいる。新型コロナウイルスの世界的まん延、地政学的リスク、グリーントランスフォーメーション（GX）の進展等の新たな状況を踏まえ、「循環」と「共生」の概念整理や統合的アプローチの重要性、「新たな成長」のイメージやウェルビーイング（Well-being）と環境（自然資本）の関係、地域循環共生圏の実績と課題および今後の方向性、国際情勢の変化と環境を通じた国際戦略等について検討が行われている。

　このような状況において、都道府県、市町村などの地方自治体レベルにおいても、環境基本計画の策定が進んでいる。自治体は様々な環境保全施策を講じ、それに対して多額の環境保全対策経費を投じている。このとき環境管理の実効性を検証し、自治体の環境保全施策の立案に有用な情報を提供し、それに伴うコストおよび効果を体系的に認識・測定・伝達する手段として、環境会計の意義・必要性が見出される。

第3節　自治体の環境保全施策と環境会計

　自治体における環境会計の導入は少数派に留まるが、導入に当たっての道しるべとなるのは、環境省より公表された「環境会計ガイドライン」であろう。環境会計ガイドラインの目的は、企業等（公益法人、地方公共団体等の団体を含む）が環境会計情報を整理することにより、外部公表に限らず、内部管理上も環境マネジメント目的に沿ったデータ把握が進み、環境会計手法の有効性が一層高まること[4]である。

　第1節で述べたように、自治体における政策評価の目的の第一に説明責任（アカウンタビリティ）が挙げられており、環境保全施策においても環境アカウンタビリティの重要性は高い。自治体は公共財としての環境資源を用いて施策を展開しており、地域住民等のステークホルダーに対する環境アカウンタビリティが強く求められる。環境会計情報の開示は、そうした環境アカウンタビリティを履行する重要な手段の一つであり、その結果、環境保全施策に関する相互理解を図り、自治体の社会的信頼と適正な評価の確立を可能にする。

　また自治体の行政施策は、政策評価目的の第三に掲げられているように成果重視という方向性を辿ってきており、効率性・有効性の観点からの評価が強く求められるようになっている。自治体の環境保全施策においても、この評価の観点が適用され、環境保全施策に要したコストと、それによってもたらされた効果との費用対効果により効率性を評価することが求められる。また投じられた環境保全対策経費に対して、適切かつ有効な環境保全効果が得られていることを明確にし、経常的にフォローアップしていくことによって

---

4)　環境省［2005］p. 1。

有効性を評価していく必要がある。環境会計を導入することにより、このような評価システムが構築される。

　環境会計ガイドラインが扱う環境会計は、自治体が持続可能な開発を目指して社会との良好な関係を保ちつつ、環境保全への取り組みを効率的かつ効果的に推進していくことを目的として、行政施策における環境保全のためのコストとその施策により得られた効果を認識し、可能な限り定量的（貨幣単位または物量他単位）に測定し伝達する仕組みである[5]。このような環境会計を導入することにより、その利用者は、自治体の環境保全への取り組み姿勢や具体的な施策と併せて、総合的な環境会計情報を得ることができる。また自治体にとっても、環境保全施策の実行に当たり、自らの環境保全に関する投資額や費用額を正確に認識・測定して集計・分析を行い、その投資や費用に対する効果を知ることができる。つまり政策評価の一般基準である「必要性」「効率性」「有効性」を検証して事業の見直しに役立てていく可能性が見出される。以上のように、環境会計により環境保全施策を定量的に管理することは、取り組みの効率性・有効性を高め、合理的な意思決定を行い、自治体の環境保全施策を健全に保つうえでも有効である。

　環境会計は、自治体の環境保全施策を貨幣単位で表した財務パフォーマンス（環境保全コストおよび環境保全対策に伴う経済効果）と、物量単位で表した環境パフォーマンス（環境保コストと環境保全効果）とを体系的に認識・測定・伝達する仕組みであり、環境会計の結果を分析や評価に役立てることができる。そこで次に、環境会計を導入している自治体の実態を知り、上記理論的考察に基づいて環境会計の検証を行うとともに、実務的側面における考察も加味して論考する。

---

5)　環境省［2005］p. 2。

第4節　自治体環境会計の実態と展開
—川崎市上下水道局の環境会計の事例から—

1．自治体の環境会計の導入状況と分類

　前節で検証したように、環境会計は環境保全施策と経済とを連携させ効率的かつ効果的に推進していく手段であり、自治体においても利用可能性が高いと考えられる。自治体の環境会計をその管理対象領域ならびに会計制度の側面から大別すると、「一般行政部門」と「特定公的事業体」に区分される。「一般行政部門」では環境基本計画の施策項目に基づき、自治体独自の形式で環境会計を構築しているケースが多い。現在または過去に環境会計を導入していた一般行政部門の自治体には、岩手県、山口県、埼玉県、横須賀市、多摩市、鯖江市、枚方市、京都市、上越市等がある。一方「特定公的事業体」では、各地域の水道局、下水道局、企業局、企業庁等が環境会計を導入しており、環境省ガイドラインに準拠して環境会計を構築しているケースが多い。本節では、環境省ガイドライン型環境会計である「特定公的事業体」の環境会計の事例として川崎市上下水道局の環境会計を取り上げ、その実態を捉えたうえで内容の分析ならびに検証を行う。

2．上下水道事業の環境会計

　水道局が所管する水道事業、工業用水道事業および下水道事業（以下、上下水道事業）は、貴重な水資源を水道水として供給し、排出される汚水を収集・処理し、放流するという、自然の水循環の一部を有効に利用することで

成り立っている。また上下水道事業は、その全管理領域において環境と深く関わり、環境保全対策の重要性が高い。水源から蛇口まで、および排水される汚水の収集・処理・放流に至るすべての事業活動の過程で多量の電力を消費するとともに、多量の温室効果ガスや廃棄物を排出している。したがって、すでに生じている悪影響に適応すると同時に、温室効果ガスの排出量や廃棄物を減少させる事業運営が求められる。しかし上下水道事業は水道料金で賄う独立採算を原則としており、コスト対効果という観点から効率性・有効性の高い環境保全施策を推進していく必要がある。そこで環境会計による管理が有効となる。

3．川崎市上下水道局の事例

（1）川崎市における環境保全施策

　川崎市はかつての深刻な公害問題を経て、公害克服の過程において集積した高度な環境技術、エネルギー有効活用などのノウハウを活かし、「低炭素・資源エネルギーモデル産業都市」を目指している。持続可能な社会を構築し、よりよい環境を将来の世代に引き継ぐため、全市をあげて環境施策を推進している。

　川崎市では、環境基本条例に基づき市の環境行政を総合的かつ計画的に推進するため、1994 年に全国に先駆けて「川崎市環境基本計画」を策定し、2002 年の部分改定を経て、2011 年に、2011 年度から 2020 年度を対象期間として全面改定した。その後も環境行政を取り巻く状況は環境・経済・社会の複合的な課題や、気候変動など地球規模の環境の危機的状況に加え、少子高齢化や人口減少等、大きく変化している。こうした社会状況の変化等に的確に対応し、持続可能なまちづくりを一層推進するため、2021 年に 2021 年度から 2030 年度を対象期間として改定した。この中で計画全体の目標とな

る「めざすべき環境像」を、「豊かな未来を創造する地球環境都市かわさき
へ」とし、その実現に向けて次の 3 つを今後 10 年間に取り組むべき基本方
針として設定した。

　　1. 力強くしなやかで持続可能な都市づくりに取り組む

　　2. 川崎の潜在力を活かし、グリーンイノベーションの推進を図る

　　3. これまで培った「協働の精神」を次の世代へ引き継ぐ

　また地球温暖化対策の推進に関する条例に基づき、2010 年に「川崎市地
球温暖化対策推進基本計画」を策定し、2022 年に改定した。改定のポイン
トは、1. 2050 年の将来ビジョンの明確化、2. 2030 年の温室効果ガス排出
量の削減目標等の設定、3. 施策の強化と 5 大プロジェクト、である。上下
水道局ではこれらの環境施策との連携・整合を図りながら、環境に配慮した
事業運営を行っている。

（2）川崎市上下水道局の環境会計

　川崎市水道局では、水道事業を対象として事業活動における環境負荷状況
や、環境保全のためのコストとその活動により得られる効果を認識し、可能
な限り定量的に測定した結果を市民や事業者に知らせるため、2002 年度か
ら環境会計を導入した。2003 年度決算版からは環境会計に加え、事業活動
における水環境の保全、省エネルギー、リサイクル等の環境保全への取り組
み状況をより詳細に知らせるため、総合的な環境施策を示す環境報告書を毎
年度公表している。2004 年度決算版からは、対象事業に工業用水道事業を
加えた。これに対して、下水道事業では 2004 年度決算版から環境会計を導
入し、下水道の環境レポートを作成した。2010 年 4 月には水道部門と下水
道部門を統合し上下水道局を設置したことに伴い、2009 年度決算版からは
水道事業、工業用水事業、下水道事業（以下、上下水道事業）の 3 事業を対
象とした環境報告書を公表している。

　このような背景の下、局における環境施策を総合的かつ計画的に推進するため、2011年度に「川崎市上下水道局環境計画」（計画期間：2011〜2013年度）を策定・推進した。その後、それまでの取り組みや社会情勢等を踏まえたうえで引き続き環境に配慮した事業運営を行っていくため、2013年度（計画期間：2014〜2016年度）、2016年度（計画期間：2017〜2021年度）、2021年度（計画期間：2022〜2025年度）に見直しを図りながら継続的に環境に配慮した取り組みを計画的に進めている。この中で上下水道事業の重要な使命である「安全で良質な水の安定供給」「安定した汚水処理による良好な放流水質の確保と公共用水域の水質保全」に努めるとともに、持続可能な循環型社会の構築を目指して、温室効果ガスの排出量の削減や資源・エネルギーの循環促進などに積極的に取り組み、良好な環境を将来の世代に引き継ぐことを基本理念として環境対策に取り組んでいる。

　川崎市上下水道局では、こうした環境対策を市民、企業等にわかりやすく伝えすることを目的として、「環境計画年次報告書」を公表している。報告書では、水の供給から排出された汚水の処理までの水循環を一体ととらえ、環境計画で示した環境施策の進捗状況、および環境会計の手法を用いた環境保全コスト、環境保全対策に伴う経済効果、環境負荷低減効果などの上下水道局の取り組みを開示している。これは社会に対する環境コミュニケーションツールであり、環境保全施策を総合的に開示するものである。

　直近の環境報告書としては、2022年12月に『環境計画年次報告書令和3（2021）年度版』が公表された。同報告書には2021年度決算に基づいてまとめられた「環境会計（令和3（2021）年度決算版）」が掲載されている（図表4-1参照）。地方公営企業では、通常会計年度終了後2カ月以内に決算を行うが、この決算数値を基にして環境会計の決算版が作成される。環境保全コストの分類は環境省ガイドラインに準拠し、金額は決算数値に基づいて作成されるため信頼性が高い。川崎市上下水道局では、環境保全施策としての側

図表 4-1　川崎市上下水道局環境会計 (令和 3 (2021) 年度決算版)

■環境保全コスト　　　　　　　　　　　　　　　　　　　　　　　　　　(単位　千円)

分　類		取組概要	投資	費用
1 事業エリア内コスト			6	3,098,570
内訳	(1) 公害防止	汚泥焼却施設の排ガス対策	0	544,576
		下水道施設の臭気対策		
	(2) 地球環境保全	水資源建設改良・保全事業	0	82,813
		小水力発電、太陽光発電		
	(3) 資源循環	水道メーターの再利用	6	1,065,067
		処理水の有効利用		
	(4) 漏水防止	漏水修理工事	0	1,406,114
		漏水調査		
2 上・下流コスト		エコケーブルの使用	0	1,672
3 管理活動コスト		水質監視業務	1,132	208,133
		施設の緑化・植樹管理		
4 社会活動コスト		広報物・各種イベントの開催	0	44,314
		江川せせらぎ		
合　計			1,138	3,352,689

■環境保全対策に伴う経済効果　　　　　　　　　　　　　　　　　　　(単位　千円)

主な経済効果の内容	効果額	
収益	再生水の供給による料金収入	109,120
	鉄くず等の不用品売却	
費用節減	漏水防止対策	688,256
	再生可能エネルギーの有効利用	

■環境負荷低減効果

主な取組内容	削減量	
汚泥焼却炉の排ガス制御、燃焼効率の向上	硫黄酸化物 (SOx)	542 t
再生可能エネルギーの有効利用	二酸化炭素 (CO_2)	1,852 t
汚泥焼却余熱の利用		

出所：川崎市上下水道局 [2022b] p.29 に基づいて作成。

面と、財務情報という側面の両面から環境会計を捉えている。環境保全施策により得られた収益や、削減および回避できた費用を換算して算出したものを「環境保全対策に伴う経済効果」として表し、ここでは原則として差額計上ではなく全額計上とし、推定的効果も含んでいる。また環境保全コストに計上した取り組みによる主な低減効果を「環境負荷低減効果」として表している。「環境保全対策に伴う経済効果」と「環境負荷低減効果」は財務会計上の決算とは別に算定するが、通常の決算に準じた資料の作成と計算を行うため、ある程度の信頼性が確保されている。

4．水道事業の環境会計の課題と今後の展開

　水道事業の環境会計は、平成12年の東京都水道局の取り組みを先駆として、その後全国的に広がった。水道事業の環境会計の特徴の一つは、環境会計が環境報告書の役割も果たしてきた点にある。川崎市水道局でも、最初の環境報告書の発行（平成15年度決算版）に先駆けて、平成14年度に環境会計予算版を単独で公表している。他の地域の同業事業体である大阪府水道局、横浜市水道局等においても、環境会計が環境報告書に先行してきた経緯がある。つまり、各水道局は概ね環境省ガイドラインに準拠して環境会計を実施しているが、それは同時に環境報告書の内容をも盛り込んだ情報開示手段としても発展してきた。

　しかし環境省ガイドラインの適用が推進されるに従い、水道事業体独自の環境保全施策に適した基準を新たに策定し追加適用する必要が出てきた。そこで平成17年に公益社団法人日本水道協会が「水道事業ガイドライン」を制定した〔平成28（2016）年3月規格改正〕。このガイドラインは水道事業全般を対象とし、水道事業の定量化によるサービス水準の向上のため、水道事業の目的やマネジメントの指針、業務指標等について示されている。ガイ

ドラインの中には水道事業のみを対象とした 119 項目の業務指標が掲載され
ているが、その中の環境に関係する業務指標について分析する。

　水道事業ガイドラインに基づく指標として「配水量 1 ㎥当たり電力消費
量」、「配水量 1 ㎥当たり CO_2 排出量」がある。それぞれの内容は以下のと
おりである。

　「配水量 1 ㎥当たり電力消費量」は次の式で表される。

$$\text{配水量 1 ㎥当たり電力消費量（kWh/㎥）} = \frac{\text{電力使用量の合計（kWh）}}{\text{年間配水量（㎥）}}$$

　地球環境保全への取り組みが求められる中、電力使用量は水道事業のエネ
ルギー消費に占める割合が大きく、経年比較することで環境保全への取り組
み度合の指標として利用できる。川崎市は大都市事業体（18 都市）[6] の中
で、原単位電力使用量が 2 番目に少ない都市である〔令和 2 （2020）年度〕。
これは、地形の高低差を最大限に活かした「自然流下方式」による水の流れ
を形成していることによる（図表 4 - 2 参照）。

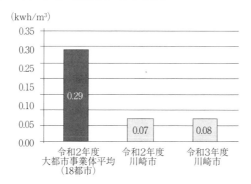

図表 4 - 2　配水量 1 ㎥当たり電力消費量

出所：川崎市上下水道局 ［2022］ p.28。

---

6)　本市、東京都および同数値を公表している 16 政令指定都市を対象としている。

「配水量 1 ㎥当たり CO₂排出量」は次の式で表される。

$$
\begin{array}{l}配水量 1 ㎥当たり \\ CO_2排出量（g \cdot CO_2/㎥）\end{array} = \frac{CO_2排出量（g \cdot CO_2）}{年間配水量（㎥）} \times 10^6
$$

　温室効果ガスの中で地球温暖化に最も影響のある CO₂排出量は、環境対策の指標として代表的な項目である。この指標を経年的に比較することで、環境負荷の低減を見る指標として利用できる。川崎市は原単位電力消費利用と同様に、原単位 CO₂排出量も大都市事業体（18 都市）の中で 2 番目に少ない都市である〔令和 2（2020）年度〕。これも「自然流下方式」による水の流れを形成していることによるものである（図表 4 - 3 参照）。

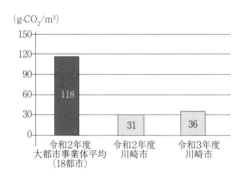

図表 4 - 3　配水量 1 ㎥当たり CO₂排出量

出所：川崎市上下水道局［2022］p.28。

　水道事業の環境会計は、全般的な基準の適用として環境省ガイドラインに準拠し、さらに水道事業特有の環境保全施策に関しては、水道事業ガイドラインの制定および準拠という形で発展してきた。さらに今後、開示された環境会計情報が実際に利用者にどのように活用されているのか、またどのような情報の開示が求められているのかを知ることが必要である。さらに水道事業のように公共性の高い事業体は、利用者ニーズへの対応に留まらず、環境

会計を通じて積極的に利用者の環境保全の意識を高める役割も期待される。水道事業における環境会計情報を共有することによって、水道事業全体としての効率性がアップし、さらに環境会計を利用した環境マネジメントシステムの構築が推進されていくことを望む。

第5節　自治体環境会計の可能性と方向性

　ここまで検証してきた川崎市上下水道局の環境会計の実態を踏まえ、自治体全般の環境会計の特徴と現状における課題、および今後の可能性と方向性について考察する。自治体は住民福祉の向上のために行政施策を講じる組織体であり、地域環境の質の向上を通じて住民福祉の増進に寄与する。このため、地域の環境保全施策にかかったコストと、その施策の結果としての効果というアプローチで環境会計を捉える必要がある。したがって、まず第1節で述べた行政施策の中から、第2節で述べた環境保全施策を抽出し、その環境保全施策項目に沿って環境会計を構築していく必要がある。この施策項目は、地域の環境保全施策を網羅する環境基本計画の施策項目と適合するものである。

　通常企業は営利目的で事業活動を行い、収益に対応したコストをかける。したがって企業の環境会計構築の際には全コストの中から環境保全コストを抽出し、それらを環境省ガイドライン等の項目に適用させるというプロセスをとる。しかし自治体の環境会計は、最初にコストから把握するのではなく、行政施策の中から環境保全施策を抽出し、それらの施策を講じた結果どのような効果をあげたのか、そのためにいくらコストがかかったのか、というアプローチを採るべきである。そしてそれらのコストをかけた施策の達成率とともに、環境保全対策に伴う経済効果・環境保全効果を評価する必要が

ある。前者の環境保全施策の達成率に関しては、環境基本計画の進捗状況の点検という評価システムによって評価されるが、そこでは環境保全コストおよび環境保全対策に伴う経済効果という金額情報、ならびに環境負荷の増減などの環境保全効果としての物量情報は示されない。そこで環境会計による評価を採り入れることにより、インプットとしての環境保全コスト、アウトプットとしての環境保全施策の達成率およびアウトカムとしての環境保全効果（成果）を一連のものとして捉えることが可能となる。

　このように自治体の環境保全施策に関しては、既存の環境基本計画による施策の進捗状況の点検による評価と環境会計を連携させることにより、両者が相互補完的な機能を果たす。今後も自治体の環境会計が、環境保全施策を効率的・効果的に推進するための評価システムとしての役割を果たして発展していくことが期待される。

　企業・自治体は、短期的な収益だけでなく、グローバルな環境の維持と発展へと視点を移し、持続可能な開発という概念の下で環境経営を行い、それに伴う環境情報の開示が求められている。ここに環境会計の意義と必要性を見出したのであるが、さらに財務会計分野においても、企業の正しい経済実態を表すために環境会計情報の適正な認識・測定・開示の必要性が認知される[7]。しかし環境会計のフォーマットで示される環境会計情報は画一的かつ限定的であり、さらにその中で財務会計制度の枠組で認識・測定できる情報はごくごく一部である。そこで近年では、より広範かつ多様な環境会計情報（KPIおよびその討議と分析）開示要求に応え、国際的にサステナビリティ会計基準の開発が進行している。今後自治体の環境会計も、社会の情勢および要請の変化に応じて進化していくものと考える。

---

　7)　この分野に関しては、植田［2023］『環境財務会計各論』を参照されたい。

終　章

　国際連合環境計画（UNEP）2011 年『グリーン経済報告書』では、「グリーン経済」を「環境問題に伴うリスクと生態系の損失を軽減しながら、人間の生活の質を改善し社会の不平等を解消するための経済のあり方」としている。また経済協力開発機構（OECD）では、「グリーン成長」を「経済的な成長を実現しながら私たちの暮らしを支えている自然資源と自然環境の恵みを受け続けること」と定義している。つまりグリーン経済では、生態系を維持し、生態系サービスからの便益を損なうことなく、資源効率を上げて産業活動を行う。このようなグリーン経済において、自然資本と経済成長の両立を目指すグリーン成長が求められている。日本政府は、環境対策は経済の制約ではなく、社会経済を変革し、投資を促し、生産性を向上させ、産業構造の転換と経済成長を生み出すものとして、グリーン成長を推進している。

　私たちはこれまで技術革新を基盤として経済成長してきた。経済的資源というストックから GDP というフローが生み出され、便利で経済的に豊かな生活を手に入れ、幸福感を得てきた。経済的資源のうち、経済主体に財務的変化をもたらすものは会計のコントロール下で、その使用・廃棄（インプット・アウトプット）に会計的制約を加え、そのストックのバランスを保ってきた。しかし重要な経済的資源の一つである自然資源は、原始の状態では所有権が存在せず利用にコストがかからないため、そのバランスは圧倒的に過剰利用に傾いてきた。自然資源を無料で（会計の認識対象外として）利用し続けたことによって、環境に負荷をかけ続け、自然の受容能力を超えて重大な環境問題を起こしている。

人間は自然資本というストックから、生態系サービスというフローを存分に享受して利便を得ているが、自然資本の利用可能性（資源の創造や枯渇）に重要な影響を与え、自然資本をマイナスに導いている。つまり人間が得てきた便益と引き換えに様々な環境問題が起こり、自然資本の低下を招き、手に入れたはずの豊かで幸せな生活が脅かされている。地球上で人間の活動によって引き起こされた利害が複雑に入り乱れ、バランスを崩している。このままでは、将来世代が現代世代と同様の生態系サービスを受けることはできない。現在の利益は将来の自然資本を犠牲にして得られている。グリーン経済において、グリーン成長を実現するためには、環境に配慮した技術革新の推進が必要であり、テクノロジーを活用して自然資本と経済成長の両立を目指していかなければならない。

　環境会計は活動の結果を机上で分析・考察する学問ではない。その根底にある環境問題と正面から向き合い、いかに温暖化を防止できるか、いかに生物多様性を維持できるか、いかに貧困を救えるか、といった本質的な課題を自ら考え抜いたうえで、最終的に会計的アプローチにより解決を模索することになる。過去の研究の積み重ねがそのまま生かされるものではなく、常に進行中の課題と向き合い、解決を模索することが環境会計の出発点であり、状況に応じてアップデートしていくことによって展開していく。

　私自身、環境会計、環境財務会計、サステナビリティ会計と研究を進めてきて、今年『環境会計各論—生物多様性の会計、自治体の環境会計—』（本書）、『環境財務会計各論』、『サステナビリティ会計論—ポスト・ノーマルサイエンス—』の刊行に至った。これらの分野は、現状では AI が取って代われる分野ではない。しかし AI を活用して多くの正確な情報を得ることによって人間の活動の次元が上がり、人間の創造性という能力が高まる。変化が激しい現代の環境では、教科書で学んだことだけでは到底不十分である。

自分で考え、仲間と議論し、視野を広く持って、枠にとらわれない創造的な発想が必要である。学校や会社という枠の中にいても、その中の常識にとらわれず、Project（計画）、Peer（仲間）、Passion（情熱）、Play（遊び）という四つのPで創造性をもって突き進んでいくことが求められる。こうした人間の英知が、AIを活用することによって、さらにその能力を高めていく。

　今後も常に変化していく社会の情勢を捉えて柔軟に対応し、正しい経済実態を表すという会計の役割を果たしていくべく発展的な研究を進めていきたい。

主要参考文献

Business and Biodiversity Offset Programme (BBOP) [2012] *The BBOP Standard for Biodiversity Offsets,* BBOP（足立直樹監修・BBOP スタンダード翻訳チーム [2012]『生物多様性オフセットに関する BBOP スタンダード』東北大学生態適応グローバル COE 環境機関コンソーシアム）.

Canadian Institute of Chartered Accountants (CICA) [1993] *Environmental Costs and Liabilities: Accounting and Financing Reporting Issue*（平松一夫・谷口智香訳 [1995]『環境会計―環境コストと環境負債―』東京経済情報出版）.

Earthwatch・The World Corporation Union (IUCN)・World Business Council for Sustainable Development (WBCSD) [2002] *Business & Biodiversity-The Handbook for Corporate Action*（生物多様性 JAPAN [2003]『Business & Biodiversity ビジネスと生物多様性 先進企業取組例から企業アクションプラン作成法まで』）.

Estes, Ralph W. [1976] *Corporate Social Accounting,* A Wiley-Interscience Publication（名東孝二・青柳清訳 [1979]『企業の社会会計』中央経済社）.

Financial Accounting Standard Board (FASB) Emerging Issues Task Force (EITF) [1990] No. 90-8 *Capitalization of Costs to Treat Environmental Contamination.*

International Integrate Reporting Committee (IIRC) [2011] *Towards Integrated Reporting: Communicating Value in the 21st Century.*（日本公認会計士協会仮訳 [2011]『統合報告に向けて―21 世紀における価値の伝達―』）.

International Integrate Reporting Council (IIRC) [2013] *The International Integrated Reporting Framework (IIRF)*（日本公認会計士協会 [2014]『国際統合報告フレームワーク』）.

IIRC [2021] *International Integrated Reporting Framework (IIRF)*（日本語訳

［2021］『国際統合報告フレームワーク』）.

Kapp, K. W.［1950］*The Social Costs of Private Enterprise,* Harvard University Press, 1950（篠原泰三訳［1959］『私的企業と社会的費用』岩波書店）.

Littleton, A. C.［1933］*Accounting Evolution to 1900,* Russel and Russel（片野一郎訳［1952］『リトルトン会計発達史』同文舘）.

Natural Capital Coalition［2016］*Natural Capital Protocol*（日本語訳［2016］『自然資本プロトコル』）.

Paton, William A.［1946］"Cost and Value in Accounting" *The Journal of Accountancy March 1946,* Official Publication of The American Institute of Accountants.

Price Waterhouse［1992］*Accounting for Environmental Compliance: Crossroad of GAAP, Engineering and Government-Second Survey of Corporate America's Accounting for Environmental Costs.*

Schaltegger, S. and Burritt, R.［2000］*Contemporary Environmental Accounting: Issues, Concept and Practice,* Greenleaf Publish Limited（宮崎修行監訳［2003］『現代環境会計　問題・概念・実務』五絃社）.

Taskforce on Nature-related Financial Disclosures（TNFD）［2022a］*The TNFD Nature-related Risk and Opportunity Management and Disclosure Framework Beta v0.3.*

TNFD［2022b］*The TNFD Nature-related Risk and Opportunity Management and Disclosure Framework Beta v0.3 Summary.*（自然関連財務情報開示タスクフォース［2022］『TNFD 自然関連リスクと機会管理・情報開示フレームワークベータ版 v0.3 概要』）

TNFD［2023a］*The TNFD Nature-related Risk and Opportunity Management and Disclosure Framework Final Draft – Beta v0.4.*

TNFD［2023b］*The TNFD Nature-related Risk and Opportunity Management and Disclosure Framework Beta v0.4 – Summary.*（自然関連財務情報開示タスクフォース［2023］『TNFD の自然関連リスクと機会管理・情報開示フレームワークベータ版 v0.4 概要』）

The Economics of Ecosystems and Biodiversity（TEEB）[2009]（TEEB D0）
The Economics of Ecosystems and Biodiversity: The Ecological and Economic Foundations（TEEB 報告書 IGES 訳［2009］「生態系と生物多様性の経済学：生態学と経済学の基礎」）.

TEEB［2010］*Mainstreaming the Economics of Nature: A Synthesis of the Approach, Conclusions and Recommendations of TEEB*（地球環境戦略研究機関［2010］『TEEB 統合報告書 IGES Ver.1.1』）.

Ulrich, R.S.［1993］*Biophilia, biophobia and natural landscapes,* Island press.

United Nations［1999］*International accounting and reporting issues: 1998 review,* report by the secretariat of the United Nations Conference on the Trade and Development.

United Nations Population Fund（UNFPA）[2023] *State of World Population report 2023*（UNFPA 駐日事務所［2023］『世界人口白書　2023』）。

The World Commission on Environment and Development［1987］, *Our Common Future,* Oxford University Press（大来佐武郎監修［1987］『環境と開発に関する世界委員会 地球の未来を守るために』福武書店）.

World Resources Institute［2005］*Millennium Ecosystem Assessment, Ecosystems and Human Well-being: Synthesis,* Island Press（Millennium Ecosystem Assessment 編、横浜国立大学 21 世紀 COE 翻訳委員会責任翻訳［2010］『国連ミレニアム エコシステム評価　生態系サービスと人類の将来』オーム社）.

ISO/SR 国内委員会［2010］INTERNATIONL STANDARD 国際規格 ISO26000 英和対訳版『Guidance on social responsibility 社会的責任に関する手引』日本規格協会。

足立英一郎［2021］『SDGs の先へ ステークホルダー資本主義』集英社インターナショナル。

足立直樹監修、企業が取り組む生物多様性研究会著［2010］『国内先進企業 11 社と NPO、自治体、大学が語る企業が取り組む「生物多様性」入門』日本能率協会マネジメントセンター。

石津寿恵［2004］「自治体の環境会計」勝山進編著『環境会計の理論と実態』中央

経済社。

岩田好宏［2009］「生物多様性保全と野生生物保全―トキを例に―」『JWCS』wlc2009。

植田敦紀［2008］『環境財務会計論― U.S. Environmental GAAP を基礎として―』森山書店。

植田敦紀［2010］「自治体の環境会計―川崎市水道局の環境会計―」『専修商学論集』第 91 号。

植田敦紀［2011］「環境報告会計の展開―環境経営と環境会計の相互補完―」『専修商学論集』第 93 号。

植田敦紀［2012］「環境財務会計の基礎概念と展開―環境財務報告における財務情報と非財務情報―」『會計』第 183 巻第 3 号、森山書店。

植田敦紀［2014］「生物多様性の会計」『専修大学会計学研究所報』第 29 号、専修大学会計学研究所。

植田敦紀［2016］「環境財務会計における自然資本の認識―自然資本コストの内部化による持続的価値創造の翼成―」『會計』第 190 巻第 2 号、森山書店。

植田敦紀［2018］「SDGs に基づく持続的価値創造のための会計」『會計』第 194 巻第 3 号、森山書店。

植田敦紀［2023］『環境財務会計各論』専修大学出版局。

植田和弘［1996］『環境経済学』岩波書店。

ANA ホールディングス株式会社［2021］『ANA 統合報告書 2021』。

NTT ドコモ［2021］『NTTドコモグループ サステナビリティレポート 2021』。

大島堅一［2010］『再生可能エネルギーの政治経済学』東洋経済新報社。

太田昭和監査法人環境監査部［2000］『環境会計と環境報告書作成の実務』中央経済社。

鹿島［2017］『KAJIMA Corporate Report 2017』鹿島建設株式会社広報部。

川崎市［2011］『川崎市環境基本計画』。

川崎市［2021］『川崎市環境基本計画』。

川崎市［2022］『川崎市地球温暖化対策推進基本計画』。

川崎市上下水道局［2021］『環境計画年次報告書 令和 2 年度決算版』。

川崎市上下水道局［2022a］『川崎市上下水道局環境計画 2022～2025』。

川崎市上下水道局［2022b］『環境計画年次報告書 令和 3（2021）年度版』。

河野正男［1998］『生態会計論』森山書店。

河野正男［2001］『環境会計 理論と実践』中央経済社。

河野正男編著［2005］『環境会計 A-Z』ビオシティ。

河野正男編著［2006］『環境会計の講築と国際的展開』森山書店。

河野正男・八木裕之・千葉貴律編著［2010］『生態会計への招待―サステナビリ
　　ティ社会のための会計―』森山書店。

河野正男・八木裕之・千葉貴律編著［2013］『サステナビリティ社会のための生態
　　会計入門』森山書店。

環境省［1993］「環境基本法」（最終改正 2008 年）。

環境省［1994］「環境基本計画」（第一次計画）。

環境省［1999］『環境保全コストの把握及び公表に関するガイドライン～環境会計
　　の確立に向けて～（中間とりまとめ）』。

環境省［2000a］『環境会計システムの導入のためのガイドライン（2000 年版）』。

環境省［2000b］『環境基本計画―環境の世紀への道しるべ―（第二次計画）』。

環境省［2001］『事業者の環境パフォーマンス指標― 2000 年度版―』。

環境省［2002］『環境会計ガイドライン 2002 年版』。

環境省［2003］『事業者の環境パフォーマンス指標ガイドライン― 2002 年度版
　　―』。

環境省［2005］『環境会計ガイドライン 2005 年版』。

環境省［2006］「環境基本計画―環境から拓く 新たなゆたかさへの道―」（第三次
　　計画）。

環境省［2010］『企業の環境情報開示のあり方に係る検討委員会第一回 環境経営
　　と環境情報開示について 資料 2』。

環境省［2012］『環境報告ガイドライン 2012 年版』。

環境省［2017］『環境白書／循環型社会白書／生物多様性白書（平成 29 年版)』。

環境省［2018］『環境報告ガイドライン 2018 年版』。

環境省［2020］『令和元年度環境にやさしい企業行動調査（平成 30 年度における

　　取組に関する調査）調査結果』。

環境省自然環境局編［2000］『生物多様性民間参画ガイドライン』成山堂書店。

（社）国際農林業協働組合（JAICAF）［2010］『世界森林資源評価 2010』。

キリンホールディングス株式会社［2021］『KIRIN CSV REPORT 2021』。

クリストフ・ボヌイユ＋ジャン＝バティスト・フレソズ著、野坂しおり訳［2018］
　　『人新世とは何か〈地球と人類の時代〉の思想史』青土社。

経済産業省［2002］『環境管理会計手法ワークブック』。

経済産業省［2015］『「持続的成長に向けた企業と投資家の対話促進研究会」報告
　　書～対話先進国に向けた企業情報開示と株主総会プロセスについて～』。

KPMG あずさサステナビリティ株式会社［2018］『日本におけるサステナビリティ
　　報告 2017』。

KPMG ジャパン　コーポレートガバナンス センター・オブ・エクセレンス統合報
　　告タスクフォース［2021］『日本企業の統合報告書に関する調査 2020』。

KPMG サステナブルバリューサービス・ジャパン［2022］『日本の企業報告に関す
　　る調査 2021』。

國分克彦編著［2004］『環境管理会計入門：理論と実践』産業環境管理協会。

国連大学 地球環境変化の人間・社会的側面に関する国際研究計画／国連環境計画
　　植田和弘・山口臨太郎訳、武内和彦監修［2014］『国連大学 包括的「富」報告
　　書―自然資本・人工資本・人的資本の国際比較』明石書店。

財務省［2001］「行政機関の行う政策の評価に関する法律」。

サステナビリティ・コミュニケーション・ネットワーク［2009］『サステナビリ
　　ティ報告ガイドライン SPI 報告解説書』。

ジェイン・ジェイコブズ著、香西泰・植木直子訳［2013］『経済の本質　自然から
　　学ぶ』日本経済新聞社。

柴田英樹・梨岡英理子［2009］『進化する環境会計〈第 2 版〉』中央経済社。

ジム・マクニール、ピーター・ヴィンゼミウス、薬師寺泰蔵著　日米欧委員会日
　　本委員会訳［1991］『持続可能な成長の政治経済学　エコノミーとエコロジー
　　の統合』ダイヤモンド社。

シャイン，エドガー・H 著、金井壽宏監訳、尾川丈一・片山佳代子訳［2004］『企

業文化 生き残りの指針』白桃書房。

杉山大志編著［2021］『SDGs の不都合な真実「脱炭素」が世界を救うの大嘘』中央精版印刷。

鈴木渉［2006］「新・生物多様性国家戦略」『サステイナブルマネジメント』6 - 1 環境経営学会。

総務省行政評価局［2001］『政策評価に関する標準的ガイドライン』総務省。

ソニー株式会社［2021］『Sustainability Report 2021』。

大日本印刷株式会社［2022］『DNP グループ統合報告書 Integrated Report 2022』。

高井美智明［2013］「生物多様性に関する経済性を帯びた情報と会計」『茨城大学人文学部紀要社会科学論集』第 55 号、ROSE リポジトリいばらき。

竹下隆一郎［2021］『SDGs がひらくビジネス新時代』筑摩書房。

公益財団法人東京オリンピック・パラリンピック競技大会組織委員会［2016］「東京 2020 オリンピック・パラリンピック競技大会持続可能性に配慮した運営計画フレームワーク」。

東京電力ホールディングス株式会社［2022］『有価証券報告書 2021 年度（第 98 期）』

東芝［2017］『環境レポート 2017』。

東芝［2022］『統合報告書 2022 年 3 月期 2022』。

日本公認会計士協会［2011］『経営研究調査会研究報告第 46 号「生物多様性に関する取組み及び情報開示の現状と課題」について』。

日本品質保証機構［2010］『JQA 環境報告書 2010』。

日本郵船株式会社［2021］『日本郵船株式会社 NYK レポート 2021 FINANCIAL, SOCIAL AND ENVIRONMENTAL PERFORMANCE』。

長谷川直哉［2010］「持続可能性報告と会計」河野正男・八木裕之・千葉貴律編著『生態会計への招待—サステナビリティ社会のための会計—』森山書店。

パナソニック［2017］『Annual Report 2017　財務と ESG についての年次報告書 2017 年 3 月期』。

パナソニックホールディングス［2022］『Annual Report 2022　財務と ESG に関する報告書 2022 年 3 月期』。

富士フイルムホールディングス株式会社［2022］『Sustainable Report 2021 マネジメント編』。

松尾嘉郎・奥園壽子［1990］『地球環境を土からみると』農文協。

南博・稲場雅紀［2020］『SDGs —危機の時代の羅針盤』岩波書店。

八木裕之［2011］「サステナビリティ会計の構想と展開」『會計』第 180 巻第 4 号、森山書店。

横浜国立大学［2022］『2022 Environmental Report 横浜国立大学エコキャンパス白書（環境報告書）』。

吉田雄司［2010］「生物多様性の企業文化と環境会計」『會計』第 177 巻第 6 号、森山書店。

リコー［2017］『リコーグループサステナビリティレポート 2017 —統合報告書—』。

リコー［2023］『リコーグループ統合報告書 2022』。

レイ・カーツワイル［2016］『シンギュラリティは近い』NHK 出版。

索　引

著者略歴

植田　敦紀（うえだ　あつき）

UEDA Atsuki, CPA, PhD
専修大学教授

1984年　証券会社入社（東京・ニューヨーク勤務）
2001年　米国公認会計士（イリノイ州登録）
2007年　横浜国立大学博士（経営学）
2009年　LEC大学総合キャリア学部入職
2010年　専修大学商学部入職、2017年より現職

主な著書
2008年 単著『環境財務会計論―U.S. Environmental GAAPを基礎として ―』森山書店
2009年 共著『環境財務会計の国際的動向と展開』森山書店
2013年 共著『サステナビリティ社会のための生態会計入門』森山書店
2023年 単著『環境財務会計各論』専修大学出版局

環境会計各論
―生物多様性の会計、自治体の環境会計―

2023年10月25日　第1版第1刷

著　者　植田敦紀
発行者　上原伸二
発行所　専修大学出版局
　　　　〒101-0051　東京都千代田区神田神保町3 -10- 3
　　　　　　　　　　　（株）専大センチュリー内
　　　　電話03-3263-4230（代）
印刷
製本　　亜細亜印刷株式会社